How the World Works
세상은 어떻게 움직일까요?

# 처음 시작하는 IB 수업 ④

## How the World Works
## 세상은 어떻게 움직일까요?

자연, 과학, 그리고 탐구로 바라보는 세상의 원리

김선 지음

혜화동

## Table of contents 차례

| | | |
|---|---|---|
| | 서문 | 006 |
| 1장 | 물건이 굴러가는 이유는?<br>힘과 원리 | 008 |
| 2장 | 보이지 않는 힘, 자기장의 세계<br>인과관계 | 032 |
| 3장 | 간단한 기계, 똑똑한 발명<br>시스템과 기능 | 054 |
| 4장 | 바람과 태양의 힘으로<br>변화와 지속 가능성 | 076 |

**5장**  시간이 흐르면 무엇이 달라질까요?　　　　098
　　　　변화와 기술

**6장**  내가 발견한 과학 원리　　　　122
　　　　관찰과 인과관계

**7장**  표현하는 과학자　　　　146
　　　　기능과 전달

**8장**  세상을 바꾸는 아이디어　　　　170
　　　　문제 해결과 창의성

서문
# 세상의 움직임을 발견하는 과학 여행

"자동차는 왜 달릴까?"

"눈에 보이지 않는 힘은 어디에 숨어 있을까?"

이 책은 움직임과 변화 속에 숨어 있는 과학의 원리를 어린이 눈높이에서 풀어낸 탐구서입니다. 물체가 왜 움직이는지, 자기장이 어떻게 세상을 바꾸는지, 간단한 기계와 발명이 어떻게 생활을 편리하게 만드는지를 차근차근 알려 줍니다. 또 바람과 태양 같은 지속 가능한 에너지와 시간이 흐르며 달라지는 기술을 통해 우리가 어떤 미래를 만들어 가야 하는지도 생각하게 합니다.

아이들이 직접 원리를 발견하고 설명하며 문제 해결 과정을 경험하도록 설계된 이 책은, 힘·인과관계·시스템·변화·기술·창의성 같은 핵심 개념을 중심으로 과학을 삶과 연결된 이야기로 배우게 합니다. 어린이들은 세상을 과학적으로 바라보고, 새로운 아이디어를 떠올리며, 미래를 상상하는 힘을 키울 수 있을 것입니다.

# 1장
# 물건이 굴러가는 이유는?

힘과 원리

**중심 개념**
힘 (Force)

**관련 개념**
마찰(Friction)
중력(Gravity)

**사고 개념**
기능 (Function)

## 연계 교과

- **과학**: 마찰력과 중력이 물체의 움직임에 어떤 영향을 주는지 실험하며 이해하기
- **수학**: 공이 굴러간 거리와 시간을 측정해 표와 그래프로 나타내며 규칙적인 변화 살펴보기
- **실과**: 생활 속 발명품에 숨어 있는 힘의 원리를 찾아보고 문제 해결과 연결하기

## 탐구 질문

❖ 물체가 굴러갈 때 어떤 힘들이 작용하고 있을까요?

❖ 표면이 다르면 왜 움직임에 차이가 생길까요?

❖ 이 힘의 원리를 알면 어떤 문제를 해결하거나, 어떤 발명을 할 수 있을까요?

## 교과서 속 연결 이야기

물건이 굴러가고 멈추는 이유를 살펴보면, 눈에 보이지 않는 힘이 어떻게 세상을 움직이는지 이해할 수 있어요.

**과학** 시간에는 공이 왜 멈추는지, 미끄럼틀에서 속도가 달라지는 이유, 중력이 물체를 끌어당기는 원리를 탐구해요. 마찰력과 중력이 물체의 운동에 어떤 영향을 주는지 실험하며 원리를 익히지요.

**수학** 시간에는 굴러가는 거리와 시간을 재고, 속력을 계산하거나 그래프로 나타내어 규칙적인 변화를 살펴봐요. 숫자와 표, 그래프를 통해 힘의 작용을 더 구체적으로 이해할 수 있답니다.

**실과** 시간에는 생활 속 발명품과 연결해, 마찰과 중력의 원리가 어떻게 안전하고 편리한 도구를 만들어 내는지 배워요. 운동화 밑창, 자동차 타이어, 미끄럼 방지 장치 같은 사례를 통해 과학 원리가 발명으로 이어지는 과정을 이해하게 되지요.

그래서 힘과 운동을 배우는 것은 단순히 공이 굴러가고 멈추는 이유를 아는 것을 넘어, 우리 생활 속 발명과 문제 해결의 지혜를 발견하는 일이에요.

# "왜 멈췄지?"
# 지우의 굴러가는 실험실

지우는 공을 굴리다 멈췄어요.

"왜 이 공은 잘 굴러가다가 갑자기 멈추는 거지?"

운동장에서 놀던 친구 태호가 다가와서 말했어요.

"그거, 과학 시간에 배웠잖아! '힘' 때문에 그래."

"힘?"

지우는 고개를 갸웃했어요.

태호는 손가락으로 하늘을 가리켰어요.

"공이 아래로 떨어지는 건 중력 때문이야. 지구가 우리랑 공을 끌어당기고 있대!"

"그럼 미끄럼틀은 왜 더 빨리 내려갈까?"

"그건 마찰력이 작아서야! 얼음처럼 미끄러운 데는 마찰이 적어서 더 잘 미끄러지거든. 반대로 모래 위에서는 마찰력이 커서 금방 멈추잖아."

지우는 잠깐 생각하다가 다시 물었어요.

"근데 이 힘들이 어떻게 작용하는지, 왜 그런지… 그걸 누가 밝혔을까?"

태호는 눈을 반짝이며 대답했어요.

과학자 뉴턴!

뉴턴은 사과가 떨어지는 걸 보고 중력의 법칙을 생각해 냈대. 그리고 모든 물체는 서로 끌어당긴다고 했지. 그것이 바로 만유인력의 법칙이야.

지우는 손에 들고 있던 공을 바라보며 말했어요.

"우와… 내가 방금 던진 공에도, 그런 법칙이 숨어 있었구나."

"맞아! 그것이 바로 과학에서 말하는 법칙이야. 하나의 원리가 왜 그런 일이 일어나는지 설명해 주는 거지."

그날 이후, 지우는 공을 굴릴 때마다 달라지는 움직임이 더 흥미로워졌어요.

## 마찰력 덕분에 생긴 똑똑한 발명품들

여러분, 미끄러운 바닥에서 넘어진 적이 있나요? "아이코!" 하며 넘어질 뻔한 그 순간, 우리는 마찰력(friction)이 얼마나 중요한지 몸으로 느끼게 돼요. 마찰력은 물체와 표면 사이에서 생기는 저항하는 힘이에요. 어떤 때는 미끄러지지 않게 도와주고, 어떤 때는 잘 미끄러지게 해 주기도 하죠. 그런데 이 마찰력 덕분에 생긴 발명품들이 아주 많다는 사실, 알고 있나요?

### 운동화 밑창의 비밀

운동화를 자세히 보면 밑창에 울퉁불퉁한 무늬가 있어요. 이 무늬는 바닥과의 마찰력을 높이려고 만든 거예요. 운동장, 체육관, 산길처럼 다양한 곳에서도 미끄러지지 않고 잘 달릴 수 있도록 도와주는 거죠. 그래서 농구화, 축구화, 등산화는 모두 밑창 디자인이 달라요!

농구화는 실내 마룻바닥에서, 축구화는 잔디 위에서, 등산화는 거친 바위 위에서 각각 마찰력을 높이도록 설계됐어요. 운동화 하나에도 과학이 숨어 있는 셈이죠!

 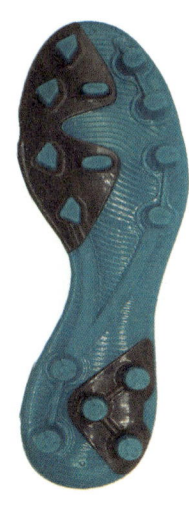 

농구화 　　　　　 축구화 　　　　　 등산화

## 동물을 보고 따라 만든 발명품

북극곰은 미끄러운 얼음 위에서도 자유롭게 걸어 다닐 수 있어요. 그 비결은 북극곰의 발바닥에 있어요! 북극곰 발바닥은 폭신하면서도 작은 돌기와 털로 덮여 있어 얼음을 꽉 잡아 주는 마찰력을 제공해요. 과학자들은 "북극곰이 얼음 위에서 미끄러지지 않는 이유가 무엇일까?" 하고 궁금해했어요. 그래서 북극곰 발바닥의 독특한 무늬와 유연한 구조를 연구했답니다. 이 연구를 바탕으로, 비 오는 날에도 미끄러지지 않고 잘 멈출 수 있는 타이어를 만들 수 있는 아이디어를 얻었어요. 이런 타이어는 물을 잘 밀어내는 트레드 패턴과 마찰력을 높이는 표면으로 자동차의 안전성을 높여 주죠. 동물의 몸에서 배운 것을 기술에 적용하는 이런 멋진 방법을 생체 모방 발명이라고 불러요!

## 접착 테이프와 벨크로(찍찍이), 마찰을 이용한 아이디어

접착 테이프는 매끈한 면에 붙일 수 있도록 작은 끈적한 입자들이 표면에 달라붙는 마찰의 힘을 이용해요.

벨크로(찍찍이)는 갈고리 모양과 부드러운 털이 서로 걸리면서 붙어요. 이건 표면이 마주치면서 생기는 마찰과 걸림을 이용한 발명이에요.

이 아이디어는 강아지 털과 풀씨가 엉킨 걸 보고 착안해서 만들어졌대요!

## 미끄럼틀은 마찰을 줄여요!

마찰력은 꼭 높이기만 하는 것이 아니라, 때로는 줄여야 더 재밌어요. 미끄럼틀, 얼음 스케이트장, 워터 슬라이드는 표면을 매끈하게 만들어 마찰을 작게 해서 더 빨리 움직일 수 있게 해요!

소방관들이 타는 소방봉도 마찰을 줄여서 빠르게 아래층으로 이동할 수 있도록 만든 장치예요. 마찰을 조절하는 기술이 재미와 안전을 동시에 만들어 주는 거죠!

## 재미있는 마찰력 이야기: '초강력 손가락'

한 번은 암벽등반을 하던 과학자가 "손가락 마찰력이 더 좋다면 어떻게 될까?" 궁금해졌어요. 그래서 도마뱀 '게코'의 발바닥을 연구했죠. 게코는 유리창을 거꾸로도 걸어 다닐 수 있어요! 그 비밀은 발바닥에 수많은 작은 털이 있어서 벽에 딱 달라붙는 마찰력 덕분이었어요. 그 과학자는 게코 발을 본떠 만든 '게코 장갑'을 만들었어요. 나중엔 우주정거장에서도 우주인이 벽을 잡고 움직일 수 있도록 사용되었답니다. 놀랍죠?

마찰력은 눈에 보이지 않지만 우리 생활을 안전하고 편리하게 해 주는 중요한 힘이에요. 마찰력이 있어서 우리는 미끄러지지 않고 걷거나 달릴 수 있고, 물건을 손에 꼭 잡을 수 있지요. 자동차와 자전거의 브레이크도 마찰력 덕분에 멈출 수 있고, 신발 밑창이나 운동선수들의 장비도 마찰력을 높여 안전하게 움직일 수 있도록 해 줘요. 연필심이 종이에 글씨를 쓸 수 있는 것도, 지우개가 글씨를 지울 수 있는 것도 모두 마찰력 덕분이에요.

하지만 마찰력이 항상 많은 것이 좋은 것만은 아니에요. 기계 부품에 기름을 바르면 마찰이 줄어들어 더 잘 움직이고 쉽게 닳지 않아 오래 사용할 수 있지요. 이렇게 마찰력을 알맞게 조절하면 우리 생활은 더 안전하고 편리해질 수 있답니다.

개념 확장

## 우주에서는 라면도 둥둥! 중력 없는 세상의 비밀

여러분, 라면 좋아하죠? 그런데 우주에서 라면을 먹는 것은 아주 특별한 도전이에요. 왜냐고요? 바로 중력이 없기 때문이에요!

### 중력은 보이지 않지만 아주 강한 힘이에요

지구에 있는 우리는 언제나 땅에 발을 딛고 있어요. 책상 위에 있던 연필도, 컵 속 물도, 던진 공도 아래로 떨어지죠. 이건 모두 지구가 우리를 끌어당기고 있기 때문이에요. 이 힘을 중력(gravity)이라고 해요. 그런데 우주에서는 이 중력이 거의 없어요! 그래서 우주에서는 모든 것이 둥둥 떠다닌답니다.

## 우주에서 라면 먹기 대작전!
그럼 우주비행사들은 어떻게 라면을 먹을까요? 먼저, 라면을 끓이는 건 불가능해요! 왜냐하면 뜨거운 물이 냄비 바닥으로 내려가지 않고 공처럼 떠다니기 때문이에요. 그래서 우주에서는 국물이 없는 라면이나, 흘러내리지 않도록 특별하게 만든 라면을 먹어요.

- 진공 상태에서 미리 조리된 건면을 진공 포장해요.
- 라면 스프는 가루로 뿌려요. 국물 대신 입안에서 스프가 녹는 방식이죠.
- 물은 빨대로 천천히 주입해요. 공기 주머니처럼 라면에 흡수되게 해요.
- 그리고 비행사들은 라면을 특별한 용기에 담아 빨대로 조심스럽게 먹어요. 중력이 없기 때문에 라면 국물이 둥둥 떠다니다가 전자 기기에 고장을 일으킬 수 있기 때문이죠.

한국에서도 우주여행을 한 우주인이 있어요. 이소연 박사님은 우주 식품 10개 품목(밥·김치·볶은 김치·고추장·된장국·라면·홍삼차·녹차·수정과·생식바)을 먹으며 약 10일 동안 우주정거장에 머물면서 18가지의 기초 과학 실험 임무를 수행했어요.

### 우주에서는 누워 자지 않아요!

우주에는 바닥이 없으므로 침대도, 이불도 필요 없어요! 우주비행사들은 잠잘 때 수면 주머니(sleeping bag)에 몸을 넣고 벽에 묶어서 자요. 그렇지 않으면 자는 사이에 천장으로 둥둥 떠다니다가 벽에 부딪힐 수 있어요! 눈을 감고 자도, 몸은 계속 둥둥~ 그래서 처음엔 머리가 둥둥 떠서 약간 멀미가 나기도 한대요.

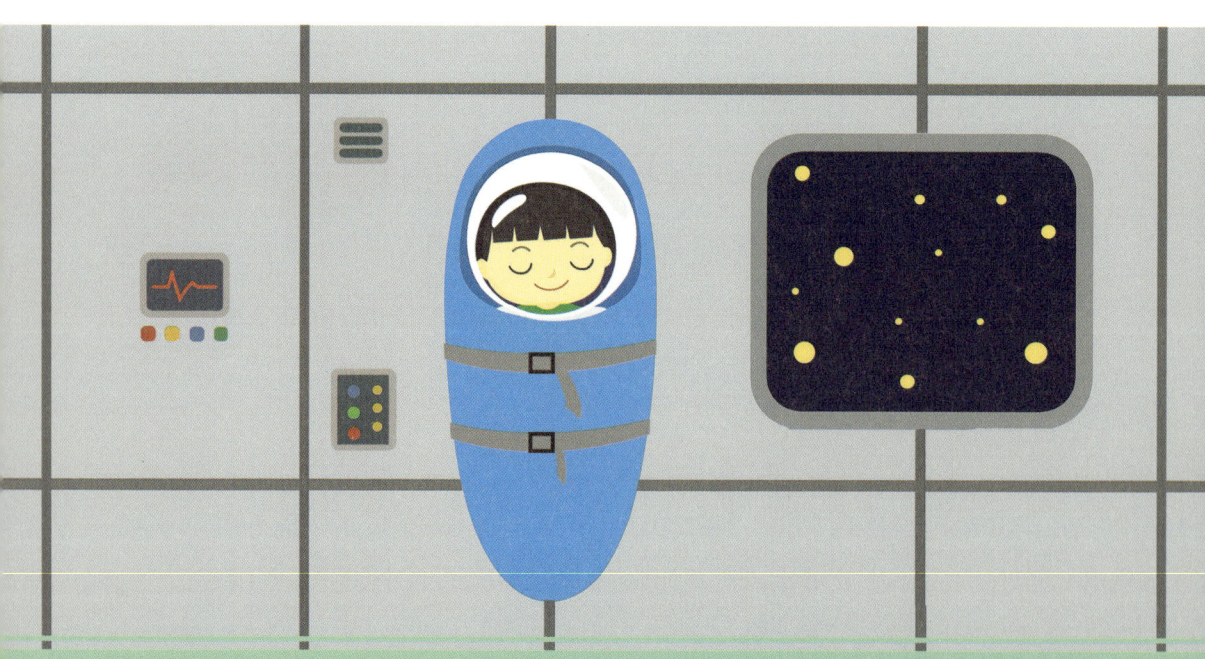

### 이동할 때는 '걷지 않아요'

우주에서는 걷지 않아요. 땅이 없거든요!

그래서 우주인들은 이렇게 움직여요.

- 손으로 벽을 밀며 이동해요.
- 손잡이나 줄을 잡고 조심조심 미끄러지듯 움직여요.
- 빠르게 밀면 반대 방향으로 튕겨 나갈 수도 있어요!

우주에서는 너무 세게 움직이면 '펑!' 하고 벽에 부딪히기에 십상이죠.

### 운동은 꼭 해야 해요!

중력이 없으면 몸이 가볍게 느껴지지만, 오래 있으면 뼈와 근육이 약해져요. 그래서 우주인들은 하루 2시간씩 꼭 운동을 해요!

- 러닝머신 위에서 고무밴드로 몸을 묶고 뜀박질!
- 공중에서 자전거 페달을 밟듯이 페달 자전거 운동!
- 중량은 없지만 저항을 만들어 주는 장비로 근력 운동까지!

### 그래도 지구가 제일 좋아요

우주 생활은 신기하고 멋져 보이지만, 사실 굉장히 불편한 일도 많아요.

- 신발이 필요 없어 발바닥이 부드러워지고 각질이 잘 벗겨져요!
- 머리를 못 감아서 물티슈로 닦거나 드라이 샴푸만 사용해요!
- 화장실도 중력이 없으므로 진공 흡입기로 해결해요!

　(응가가 공중에 떠다니면 큰일이죠!)

그래서 우주비행사들은 임무가 끝나고 지구에 돌아오면 흙냄새, 중력의 느낌, 물 흐르는 소리에 눈물이 핑 돌기도 한다고 해요.

지구에 사는 우리는 중력 덕분에 편안하게 걷고, 밥도 먹고, 잠도 자요. 이 익숙한 것들이 얼마나 소중한지, 우주를 상상해 보면 더 잘 느낄 수 있답니다.

"우주에 가 보면, 지구는 정말 작고, 소중해 보여요."

– 국제우주정거장에 다녀온 우주비행사들의 공통된 이야기

### ❖ 탐색 질문

- 만약 여러분이 우주로 간다면 어떤 음식을 가져가고 싶나요?
- 둥둥 떠다니는 세상에서 그림을 그리려면 어떻게 해야 할까요?
- 중력이 없다면 감정 표현도 달라질까요?

## 확장 활동

### 어떤 표면에서 물체가 더 잘 굴러갈까요?

❖ **실험 목표**

표면 재질에 따라 마찰력이 어떻게 다른지 알아보고, 공이 어느 표면에서 더 잘 굴러가는지 확인해요.

**준비물**

작은 공, 다양한 재질의 판(책상, 모래, 천, 종이, 고무매트 등), 경사면(두꺼운 책으로 경사 만들기), 줄자 또는 끈

❖ **실험 방법**

1. 바닥에 경사면을 만들고, 위에 각각 다른 재질의 판을 한 번에 하나씩 깔아요.
2. 똑같은 위치에서 공을 굴려요.
3. 공이 멈춘 지점을 표시하고, 그 거리를 측정해요.
4. 표로 정리한 뒤, 어떤 표면에서 가장 멀리 굴러갔는지 비교해요.

공이 굴러간 거리를 정확하게 측정하고, 그 수치를 표로 정리해 보세요. 그리고 표면별 결과를 막대그래프나 선 그래프로 그려 보면 어떨까요? 눈으로 보면서 비교할 수 있어서 더 쉽게 분석할 수 있어요. 이런 활동을 통해 수학은 과학 실험 결과를 시각적으로 표현하고, 정확하게 설명하는 데 중요한 도구가 된다는 것을 알 수 있어요.

❖ **탐색 질문**

- 어떤 표면에서 가장 멀리 굴러갔나요? 왜 그랬을까요?
- 표면의 재질이 공의 속도나 멈추는 데 어떤 영향을 주었나요?
- 똑같은 공이라도 굴러가는 거리나 속도가 달랐다면 그 이유는 무엇일까요?

❖ **응용 활동**

"굴러라 굴러!" 프로젝트

이번에는 나만의 경사면을 만들어서, 공이 가장 멀리 굴러갈 수 있는 최적의 표면을 찾아보는 '굴러라 굴러!' 미션에 도전해 보세요. 표면을 섞어 보거나, 재료를 추가해서 새로운 조합을 실험해도 좋아요.

그리고 결과를 팀별로 발표해 보세요.

- 어떤 힘이 가장 큰 영향을 주었는지
- 실험에서 예측과 다른 결과가 나왔다면 그 이유는 무엇인지
- 우리가 일상에서 이 원리를 어떻게 활용하고 있는지도 함께 정리해 보면 더욱 멋진 과학자가 될 수 있어요.

과학은 세상을 움직이는 원리를 이해하려는 노력이고, 수학은 그 원리를 설명하는 언어예요. 우리 생활 속의 작고 평범한 물체도 사실은 과학의 힘으로 움직이고 있답니다.

다음 장에서는 눈에 보이지 않는 또 다른 힘, '자석의 세계'를 만나게 될 거예요!

# 2장
# 보이지 않는 힘, 자기장의 세계

인과관계

| 관련 개념 | 중심 개념 | 사고 개념 |
|---|---|---|
| 원리 (Principle) | 자기장 (Magnetic Field) | 원인 (Causation) |

## 연계 교과

- 과학: 자석의 성질과 쇳가루 실험을 통해 보이지 않는 자기장의 모양과 원리를 탐구하기
- 실과: 전류와 자기의 관계를 이해하고 전동기·발전기·스피커 같은 생활 속 발명품의 작동 원리 탐구하기

## 탐구 질문

❖ 자석은 왜 어떤 물체만 끌어당기고 어떤 물체는 그렇지 않을까요?

❖ 눈에 보이지 않는 자기장은 어떻게 확인할 수 있을까요?

❖ 자기장은 우리 일상에서 어떻게 활용되고 있을까요?

교과서 속

연결 이야기

　자석이 물체를 끌어당기거나 밀어내는 현상은 단순한 마술이 아니라, 눈에 보이지 않는 자기장이라는 힘이 작용하기 때문이에요.

　과학 시간에는 자석이 서로 끌리거나 밀리는 이유, 철분 실험을 통해 자기장의 모양과 방향이 드러나는 원리를 탐구해요. 나침반이 북쪽을 가리키는 까닭, 지구가 하나의 거대한 자석이라는 사실도 배우며, 보이지 않는 힘이 우리 생활을 어떻게 움직이는지 이해하게 되지요.

**실과** 시간에는 전류가 흐르면 자기장이 생기는 원리를 활용해 전동기, 발전기, 스피커 같은 기계가 작동하는 원리를 탐구해요. 우리가 매일 쓰는 교통카드, 냉장고 문, 이어폰 속 자석까지도 모두 자기장이 활용된 발명품이라는 것을 알 수 있답니다.

그래서 자기장을 배우는 것은 눈에 보이지 않는 힘이 세상을 움직이는 원리를 이해하고, 그 힘을 활용해 미래의 새로운 발명과 기술을 만들어 갈 수 있는 능력을 키우는 일이에요.

# 진우와 자석의 비밀

　진우는 오늘 과학 시간에 선생님이 꺼내신 자석 상자를 보자 눈을 반짝였어요.

　"얘들아, 이 자석으로 무슨 일이 일어날지 한번 관찰해 볼까?"

　선생님이 철 클립을 책상 위에 놓고 자석을 가까이 가져가자, 클립이 '딱!' 하고 자석에 붙었어요.

　진우는 놀라며 물었어요.

"우와! 왜 자석이 클립을 끌어당기죠? 그냥 붙은 건 아니에요?"

"좋은 질문이야, 진우야." 선생님이 웃으며 설명하셨어요.

"이건 마법이 아니고, **자기장**(magnetic field)이라는 보이지 않는 힘 덕분이란다."

그날 진우는 친구들과 함께 쇳가루 실험을 했어요.

하얀 종이 아래 자석을 놓고 쇳가루를 뿌리자, 마치 보이지 않는 손이 움직이듯 쇳가루가 곡선을 그리며 줄지어 섰어요.

"우와! 이게 바로 자기장이라는 거야?"

진우는 신기해서 눈을 떼지 못했어요.

**"자석에는 N극과 S극, 두 개의 극이 있어서, 같은 극끼리는 밀고, 다른 극끼리는 끌어당기지."**

선생님께서 덧붙였어요.

"이 자기력은 그냥 생기는 게 아니라, 자석이 만들어 내는 힘의 방향이 정해져 있기 때문이야. 그래서 쇳가루가 그렇게 줄지어 있는 거란다."

선생님은 지구본을 꺼내시며 말을 이으셨어요.

"지구도 아주 커다란 자석이란다. 지구 안쪽에서는 액체 금속이 빙글빙글 돌고 있어서 자기장을 만들어 내지. 그래서 나침반

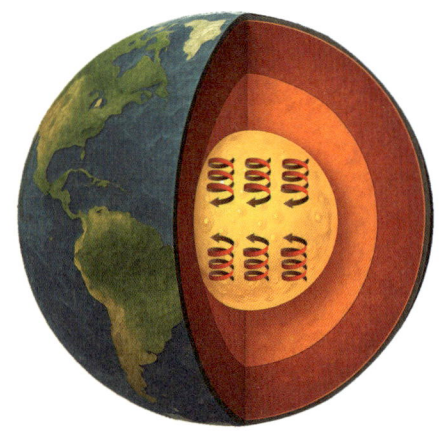

바늘이 항상 북쪽을 가리키는 거야. 또 지구 자기장은 태양에서 오는 위험한 입자들도 막아 주는 방패 역할도 한단다."

진우는 감탄하며 속으로 생각했어요.

'보이지 않지만 이렇게 중요한 일을 하는 힘이라니… 자기장은 정말 멋져!'

그날 이후 진우는 주변에서 자석이 쓰이는 곳을 하나씩 찾아보기 시작했어요. 냉장고 문, 교통카드, 스피커까지.

모두 보이지 않는 자기장의 비밀이 숨어 있었죠.

**개념 이해**

## 자기장과 정전기
### - 보이지 않는 힘의 첫걸음

우리 주변에서 가장 쉽게 접할 수 있는 보이지 않는 힘 중 하나는 바로 자기장이에요. 자석을 종이 위에 놓고 쇳가루를 뿌리면, 쇳가루가 곡선 모양으로 배열되며 자석 주위에 힘이 작용하고 있음을 눈으로 확인할 수 있어요. 이 보이지 않는 공간상의 힘이 바로 자기장이에요. 자석이 철 클립을 끌어당기거나, 나침반의 바늘이 항상 북쪽을 가리키는 것도 모두 자기장의 작용 때문이에요.

16세기 영국의 윌리엄 길버트는 자석과 정전기 현상을 과학적으로 처음 구분한 인물이에요. 이후 19세기 덴마크의 과학자 한스 크리스티안 외르스테드는 전류가 흐를 때 자기장이 발생한다는 사실을 발견하였고, 프랑스의 앙드레 마리 앙페르는 전류가 흐르는 두 도선 사이에 작용하는 힘을 정량적으로 설명하며 전자기학의 기초를 다졌어요.

자기장은 우리가 살아가는 지구 전체에도 존재해요. 지구 내부의 액체 금속이 회전하면서 생성되는 전류는 지구 자기장을 만들어 내고, 이는 태양에서 날아오는 유해한 입자들로부터 우리를 보호하는 역할도 해요. 나침반이 북쪽을 가리키는 이유도 지구 자기장 때문이에요.

이러한 ==자기장의 원리는 현대 사회에서 매우 다양하게 활용==돼요. 예를 들어, 발전기와 전동기는 자기장과 전류의 상호작용을 이용해 전기를 생산하거나 기계를 움직여요. 병원에서 사용하는 MRI는 강한 자기장을 활용해 인체 내부의 이미지를 촬영하고, 스피커와 마이크는 자기장이 진동과 전기 신호를 서로 변환하는 데 핵심적인 역할을 해요.

한편, ==정전기도 또 하나의 보이지 않는 힘==이에요. 두 물체가 마찰할 때 전자가 이동하면서 한쪽에는 음전하, 다른 쪽에는 양전하가 생기게 되는데, 이로 인해 물체 사이에 끌어당기는 힘이 발생해요. 예를 들어, 플라스틱 빗으로 마른 머리카락을 빗었을 때 머리카락이 빗에 달라붙는 현상은 정전기의 대표적인 예예요. 또 겨울철 두꺼운 니트를 벗을 때 딸깍 소리와 함께 살짝 전기가 튀는 느낌도 정전기 현상에서 비롯돼요.

정전기는 복사기의 토너를 종이에 부착하거나, 공기청정기에서 먼지를 모으는 데 활용되며, 자동차 도장 과정에서도 정전기를 이용해 도료를 고르게 분사해요. 그러나 산업 현장에서는 정전기가 폭발이나 기기 손상의 원인이 되기도 하므로, 정전기 방지 장치나 습도 조절, 접지 설비를 통해 철저히 관리해야 해요.

이처럼 자기장과 정전기는 우리 눈에 보이지 않지만 매우 중요한 힘이며, 과학자들의 오랜 관찰과 실험을 통해 원리가 밝혀졌어요. 이 힘들을 이해하면, 우리 일상 속 기계와 현상이 왜 그렇게 작동하는지를 더욱 깊이 있게 이해할 수 있어요.

## 개념 확장

### 바람, 열, 전자기파, 중력
### - 자연을 움직이는 과학의 힘들

우리 눈에 보이지 않지만, 세상을 끊임없이 움직이게 만드는 여러 힘이 있어요. 이 힘들은 모두 자연의 기본 법칙에서 비롯된 것으로, 우리가 살아가는 환경과 기술 문명 전반에 깊이 관여하고 있지요. 이제부터 바람, 열, 전자기파, 중력이라는 네 가지 대표적인 자연의 힘을 하나씩 살펴볼게요.

### 바람 – 공기의 흐름에서 시작된 힘

바람은 공기가 움직이는 현상이에요. 그런데 왜 공기는 움직일까요? 그것은 지구의 표면이 태양에너지를 고르게 받지 않기 때문이지요. 어떤 지역은 더 뜨겁고, 어떤 지역은 덜 뜨거워요. 뜨거운 곳의 공기는 가벼워져 위로 올라가고, 차가운 곳의 공기는 무거워져 아래로 가라앉아요. 이처럼 공기의 기압 차이 때문에 고기압 지역에서 저기압 지역으로 공기가 이동하면서 바람이 부는 것이죠.

바람은 단순히 나뭇잎을 흔드는 데 그치지 않아요. 비행기가 하늘을 날 수 있게 해 주는 양력, 풍력발전기가 전기를 만드는 힘, 그리고 우리가 어릴 적 흔들며 놀았던 바람개비나 연도 모두 이 바람의 힘을 이용한 것이에요. 진공청소기나 헤어드라이어처럼 바람의 흐름을 조절해 활용하는 전자 기기도 많지요.

## 열에너지 – 보이지 않는 분자의 움직임

뜨거운 국이 김을 내뿜고, 전자레인지에 돌린 음식이 뜨거워지는 현상은 모두 열에너지 때문이에요. 모든 물체는 아주 작은 입자(분자)들로 이루어져 있는데, 이 입자들이 빠르게 움직일수록 우리는 그것을 '뜨겁다'고 느껴요. 입자의 운동이 느릴수록 '차갑다'고 느끼고요. 열은 다음의 세 가지 방법으로 이동해요.

전도　　　　　　대류　　　　　　복사

- 전도: 뜨거운 냄비 손잡이가 점점 뜨거워지는 것처럼 고체를 통해 열이 직접 전달되는 방식
- 대류: 끓는 국물이 아래에서 위로, 다시 위에서 아래로 움직이며 열을 순환시키는 방식
- 복사: 태양 빛이 지구를 데우듯, 빛이나 전자기파로 전달되는 방식

이러한 원리는 전기밥솥, 히터, 에어컨, 전자레인지 같은 다양한 생활 속 전자 기기와 난방·냉방 시스템에 꼭 필요한 과학이에요. 열의 이동을 수식으로 설명하는 푸리에의 법칙처럼, 과학자들은 이런 힘들을 숫자와 모델로도 표현하지요.

## 전자기파 – 전기와 자기가 만든 보이지 않는 파동

19세기, 제임스 클러크 맥스웰은 세상을 깜짝 놀라게 할 이론을 발표했어요. 바로 전자기파(electromagnetic wave)의 존재예요. 그는 전기장과 자기장이 서로를 만들어 내면서 공간을 파동처럼 퍼져 나간다고 설명했지요. 그 후, 하인리히 헤르츠는 실제로 전자기파가 존재함을 실험으로 증명했어요. 그의 이름을 따서 우리가 사용하는 '진동수의 단위'는 헤르츠(Hz)가 되었답니다.

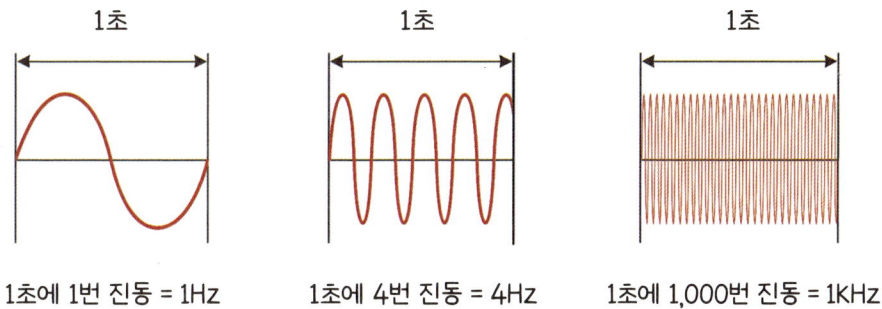

전자기파는 아주 특별해요. 물질이 없어도, 진공 상태에서도 에너지를 전달할 수 있는 유일한 파동이기 때문이죠. 빛, 적외선, 자외선, 마이크로파, X선, 전파 같은 여러 종류가 있고, 각각 다른 용도로 쓰여요.

예를 들면,

- 라디오나 TV는 전자기파를 이용해 소리와 화면을 보내요.
- 휴대전화와 와이파이는 우리가 멀리서도 소통할 수 있게 해 줘요.
- 병원에서는 X선을 이용한 엑스레이 촬영을 해요.
- 위성통신과 GPS도 전자기파를 이용해 정보를 주고받아요.

우리의 일상생활과 정보 통신 기술은 전자기파 없이는 상상하기 어려울 정도로 의존하고 있어요.

## 중력 – 우주를 묶는 보편적인 힘

지구 위에서 우리는 왜 땅에 발을 붙이고 설 수 있을까요? 사과는 왜 나무에서 떨어질까요? 바로 중력(gravity) 때문이에요. 중력은 질량이 있는 모든 물체를 서로 끌어당기는 힘이에요.

아이작 뉴턴은 사과가 떨어지는 현상을 관찰하며 1687년에 만유인력의 법칙을 발표했어요. 이 법칙에 따르면, 두 물체 사이의 중력은 질량이 클수록 크고, 거리의 제곱에 반비례해서 작아진다고 했지요. 수식으로도 표현되지만, 중요한 것은 이 법칙 하나로 달과 지구의 관계, 조수간만의 차, 행성의 궤도, 심지어 우주의 형성까지 설명할 수 있다는 점이에요.

우리가 땅 위에 설 수 있는 것, 하늘에서 빗방울이 떨어지는 것, 위성들이 지구 주위를 도는 것, 모두 이 중력의 힘 덕분이에요. 이처럼 중력은 우리 일상은 물론이고 우주 전체의 질서를 유지하는 가장 기본적인 힘이에요.

## 확장 활동

### 자기장의 존재를 눈으로 확인하자

❖ **실험 목표**

자석이 끌어당기는 물체의 조건과 자기장의 범위를 관찰하며, 자기장의 원인과 그 결과를 이해해요.

> **준비물**
>
> 막대자석, 쇳가루, 흰 종이, 다양한 재질의 물체(클립, 나무 조각, 플라스틱, 동전, 종이 등), 자

❖ **실험 방법**

1. 다양한 물체에 자석을 가까이 대 보며 어떤 재질이 끌리는지 확인해요.

2. 흰 종이 위에 쇳가루를 고르게 뿌리고 그 아래에 자석을 위치시켜 자기력선을 눈으로 살펴봐요.

3. 자석의 극 근처와 멀리 떨어진 위치의 쇳가루 밀도 차이를 비교해요.

이 실험은 자기장이라는 '보이지 않는 힘'이 어떻게 공간 속에서 작용하고, 물리적 변화를 일으키는지를 인과관계의 시각으로 분석하는 데 도움이 돼요. 자기장은 과학 이론에 머무르지 않고 우리 실생활 속에서도 널리 활용되고 있답니다.

### ❖ 탐색 질문

- 어떤 금속 물체는 자석에 끌리는데, 어떤 물체는 끌리지 않는 이유는 무엇일까요?
- 쇳가루 실험에서 자기장의 강약은 어떻게 나타났나요?
- 자석이 작용하는 범위는 어떻게 달라졌나요?

대표적인 예시는 다음과 같아요.

| | |
|---|---|
| 냉장고 문 | 자석이 포함된 고무 패킹 덕분에 문이 단단히 닫히고 밀폐 상태가 유지돼요. |
| 교통 카드 | 자성 띠나 RFID(무선 주파수 식별) 기술을 사용해 정보를 저장해요. 카드를 단말기에 접촉하거나 가까이 대면 저장된 데이터를 읽어 승차 정보를 처리한답니다. |
| 스피커와 마이크 | 전류에 의해 움직이는 코일과 자석이 상호 작용하여 소리의 진동을 전기 신호로 바꾸거나 그 반대로 전달해요. |
| 전동기와 발전기 | 전기를 흘리면 자기장이 생기고, 반대로 자기장을 변화시키면 전기가 발생하는 원리를 활용하여 전력을 만들어 내요. |

이처럼 전기와 자석은 서로 깊이 연결되어 있어요. 이런 원리를 전자기 유도(electromagnetic induction)라고 부르는데, 이는 전기를 만들고 사용하는 현대사회의 핵심 기술이에요. 전자기 유도 덕분에 우리가 매일 사용하는 수많은 기기들이 작동한답니다!

❖ **응용 활동**

"자기장 탐정 노트 만들기"

일상생활 속에서 자석이 쓰이는 장면을 찾아 사진으로 기록하고, 그 원인과 결과를 탐구 노트에 정리해 보세요. 예시마다 "자기장이 어떻게 작용했는가?"를 과학적으로 분석해 보며 탐정처럼 관찰과 해석하는 능력을 키워 볼 수 있어요.

자기장은 우리 눈에 보이지 않지만 분명히 존재하고, 물리적 현상에 뚜렷한 영향을 미치는 과학적 힘이에요. 이 힘의 원리를 이해하는 것은 우리가 사는 세상을 더 깊이 이해하고, 미래의 기술을 상상하는 데 중요한 밑거름이 된답니다.

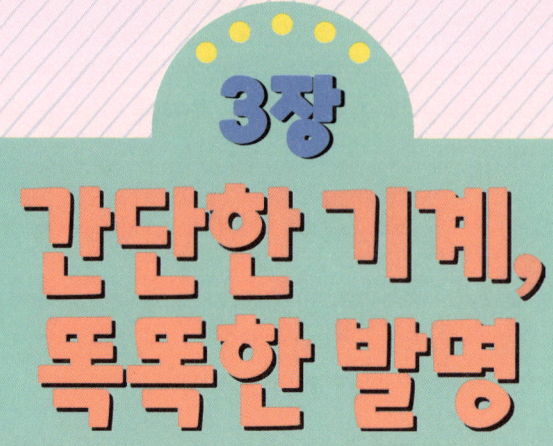

# 3장
# 간단한 기계, 똑똑한 발명

시스템과 기능

**관련 개념**
시스템(System)
발명(Invention)

**중심 개념**
기계
(Machine)

**사고 개념**
기능(Function)
원인(Causation)

## 연계 교과

- 과학: 지렛대, 도르래, 바퀴와 축, 경사면 같은 간단한 기계의 원리를 실험하며 힘의 방향과 크기가 변하는 이유 탐구하기
- 실과: 간단한 기계를 활용한 새로운 도구를 설계하고 제작하며 생활 속 문제 해결하기

## 탐구 질문

❖ 간단한 기계는 어떻게 힘을 덜 들이게 도와줄까요?

❖ 서로 다른 간단한 기계들을 어떻게 조합해서 새로운 발명품을 만들 수 있을까요?

❖ 내가 만든 기계는 어떤 기능을 가지고, 어떤 문제를 해결할 수 있을까요?

# 교과서 속 연결 이야기

간단한 기계를 배우는 것은 힘이 어떻게 작용하고, 사람들이 문제를 해결하기 위해 어떤 발명을 해 왔는지를 이해하는 일이에요.

**과학** 시간에는 지렛대, 도르래, 바퀴와 축, 경사면 같은 간단한 기계가 어떻게 힘을 덜 들이고 일을 쉽게 하도록 돕는지를 배워요. 실험 도구나 모형을 활용해 힘의 방향과 크기가 어떻게 달라지는지를 관찰하고, 실제로 지레와 빗면을 이용하면 물체를 들어 올릴 때 필요한 힘이 달라진다는 사실도 알게 되지요. 이렇게 배운 내용을 바탕으로 도구가 생활 속에서 어떻게 쓰이는지를 조사하고, 친구들과 함께 공유하는 활동도 해요.

**실과** 시간에는 발명의 의미를 이해하고, 생활 속에서 발견할 수 있는 발명품과 기술의 가치를 탐색해요. 또 발명사고 기법과 문제 해결 과정을 익히며, 간단한 기계 원리를 응용한 창의적 도구를 구상하고 제작하는 활동을 하게 돼요. 더 나아가 발명과 특허의 관계를 배우며, 지식재산권의 중요성도 인식하게 되지요.

그래서 간단한 기계를 배우는 것은 단순히 도구의 원리를 아는 것이 아니라, 힘과 발명의 원리를 활용해 더 편리한 생활을 만들고 미래의 발명가로 성장하는 힘을 길러 주는 일이에요.

# 민준이의 발명 노트
## -'기계는 생각이다'

민준이는 평소에도 물건을 유심히 관찰하는 것을 좋아해요. 어느 날, 집에서 엄마를 도와 무거운 상자를 옮기다가 손수레를 밀면서 문득 이렇게 생각했어요.

**'왜 손수레를 쓰면 무거운 물건도 쉽게 옮길 수 있을까?'**

다음 날 학교에서 선생님은 새로운 단원을 소개해 주셨어요.

"이번엔 우리가 '간단한 기계'에 대해 배워 볼 거예요. 우리가 매일 사용하는 도구들 속에는 아주 똑똑한 과학 원리가 숨어 있답니다."

민준이는 깜짝 놀랐어요. '기계'라고 하면 전자 제품이나 큰 장비만 생각했는데, 손수레도 기계라니!

수업 시간, 선생님은 민준이와 친구들에게 고대 그리스의 과학자 아르키메데스가 연구한 원리를 바탕으로 한 여섯 가지 간단한 기계를 설명해 주셨어요.

**지렛대**는 긴 막대와 받침점만 있으면 무거운 것도 쉽게 들 수 있게 해 줘요.

**도르래**는 끈을 감아 위로 물건을 끌어올리는 기계고요.

**바퀴와 축**은 자동차처럼 빠르고 부드럽게 움직일 수 있게 도와줘요.

"이 간단한 기계들은 모두 작은 힘으로 더 큰 효과를 내는 기계예요. 그리고 이 원리를 여러 개 합치면 더 복잡하고 똑똑한 발명품도 만들 수 있어요."

민준이는 머릿속이 번쩍했어요.

'그럼 내가 좋아하는 자전거도 이 기계들로 설명할 수 있겠네!'

민준이는 친구들과 함께 작은 발명품 만들기 활동을 하게 되었어요. 누구는 도르래가 달린 연필꽂이를, 누구는 경사면을 이용한 미끄럼식 정리함을 만들었죠. 민준이는 지렛대 원리와 바퀴를 이용해서 '책가방 무게를 줄여 주는 카트'를 설계했어요.

"이렇게 하면 계단도 쉽게 오를 수 있어요. 그리고 바퀴는 큰 거로 바꾸면 덜 힘들어요."

발표 시간에 민준이는 자신 있게 말했어요.

"간단한 기계들이 서로 힘을 합치면, 우리 생활을 더 편리하게 만들어 줄 수 있어요. 기계는 단지 도구가 아니라, 사람의 생각이 담긴 문제 해결의 열쇠예요!"

민준이는 이 단원을 배우고 나서 세상을 바라보는 눈이 달라졌어요. 손잡이, 병따개, 리모컨, 자전거 등, 이 모든 것이 단순한 도구 아니라 인간의 발명과 사고가 담긴 '생각의 기계'라는 것을 알게 되었지요.

그리고 무엇보다 중요한 건, "기계는 멀리 있는 게 아니야. 나도 만들 수 있어!"라는 자신감이 생겼다는 거예요.

## 시스템으로 이어지는 기계의 연결 고리

기계는 혼자서도 멋진 일을 해내지만, 둘 이상이 함께 움직이면 훨씬 더 놀라운 일을 할 수 있어요. 바로 이럴 때 우리는 ==기계가 모여 만든 '시스템(system)'==이라는 말을 사용해요.

==시스템은 서로 다른 기능을 가진 부품들이 모여 하나의 목표를 위해 함께 일하는 구조==예요. 각 기계가 자기 역할을 다하면서도, 서로 도와 전체적으로 더 큰 힘과 효율을 만들어 내는 것이죠.

예를 들어 볼까요?

자전거는 우리가 자주 타는 친숙한 기계지만, 알고 보면 여러 간단한 기계들이 모여 하나의 커다란 시스템을 이루고 있어요.

바퀴는 '바퀴와 축'이라는 기초 기계고, 페달은 '지렛대' 원리를 활용해요. 페달을 밟으면 체인이 돌아가고, 이 회전운동이 뒷바퀴로 전달되죠. 브레이크는 작은 힘으로 큰 제동력을 만들어 주는 지렛대 원리가 숨어 있어요.

이 모든 부품이 연결되어 사람의 힘을 더 멀리, 더 빠르게 전달할 수 있도록 도와주는 거예요. 자전거는 하나의 시스템이자, 움직이는 과학 실험실이에요!

엘리베이터도 시스템의 대표적인 예예요.

도르래가 무거운 승강기를 쉽게 들어 올릴 수 있게 해 주고, 전기모터가 전기에너지를 운동에너지로 바꿔요. 또, 승강기의 무게를 균형 있게 맞춰 주는 평형추도 있죠.

그뿐만 아니라, 센서와 버튼, 속도를 조절하는 제어장치까지 모든 것이 서로 연결되어 작동하기 때문에 엘리베이터는 안전하고 빠르게 우리를 원하는 층으로 데려다 줄 수 있어요.

이처럼 하나의 기계가 아닌 여러 기계가 연결되어 만든 시스템은, 단순히 힘을 전달하는 것을 넘어서 에너지를 바꾸고, 움직임을 조절하고, 정보를 처리하는 복잡한 일을 해낼 수 있어요.

평형추

도르래

시스템을 잘 이해하려면 몇 가지 중요한 개념을 함께 알아야 해요.

| 구분 | 개념 |
|---|---|
| 입력과 출력 | 시스템에 어떤 에너지를 넣었을 때, 어떤 결과가 나오는지 살펴봐요. (예 자전거에 힘을 넣으면 바퀴가 돌죠!) |
| 부분과 전체 | 시스템은 여러 부품이 모여 만들어지지만, 각 부품이 전체에 어떤 영향을 주고받는지도 중요해요. |
| 에너지의 흐름 | 힘이 어떻게 전달되고 바뀌는지 생각해 봐요. 전기에너지가 운동에너지로, 열에너지로 변할 수 있죠. |

앞으로 여러분이 만나는 거의 모든 기계는 이런 시스템의 원리로 작동하고 있을 거예요. 전자레인지, 세탁기, 자동차, 컴퓨터처럼 다양한 기계들이 이제는 서로 연결되어 '더 똑똑한 일'을 해내는 중이에요. 그래서 우리는 기계를 볼 때도, 그 속의 구조와 흐름을 함께 보는 시스템적 사고가 필요해요. 단순히 "어떻게 작동하지?"를 넘어서 "어떻게 연결되고, 어떤 결과를 만들어 내지?"라고 질문하는 것, 그것이 진짜 과학자의 눈이랍니다!

개념 확장

## 기계는 세상을 어떻게 바꾸었을까?

우리는 매일 기계를 사용해요. 손잡이, 자전거, 전동 칫솔, 스마트폰까지 이 하나하나가 모두 어떤 '기능'을 가진 기계예요. 그런데 이런 기계들은 언제, 어떻게, 왜 발명되었을까요? 사실 기계는 단순한 도구를 넘어서 인류의 문명 그 자체를 바꾼 존재예요. 여기서는 전 세계적으로 유명한 기계들이 어떤 배경에서 만들어졌고, 어떤 과학 원리가 숨어 있는지, 그리고 어떻게 우리의 삶을 바꿔 놓았는지 알아볼 거예요.

### 제임스 와트의 증기기관(Steam Engine, 1765년 개량)

"물로 기계를 움직인다?" 예전 사람들에게 이 말은 마법 같았을지도 몰라요. 18세기, 영국의 제임스 와트는 기존 증기기관의 구조를 바꿔서 훨씬 효율적인 에너지 변환 기계를 만들었어요. 그는 증기가 식을 때 생기는 '응축' 과정을 기계 밖에서 따로 하도록 만들었는데, 이 작은 변화가 산업혁명을 일으킨 거예요!

이 기계는 열에너지를 운동에너지로 바꾸는 장치로, 피스톤을 밀고, 회전축을 돌리는 원리는 수학과 과학으로도 설명돼요. 실제로는 이 기계에 힘이 얼마나 센지와 그 힘이 퍼지는 넓은 면적 사이의 관계, 그리고 증기가 얼마나 부피를 늘리거나 줄이는지에 관한 열역학 법칙이 적용돼요. 기차, 증기선, 방직공장 기계들까지 모두 이 증기기관 덕분에 가능했어요.

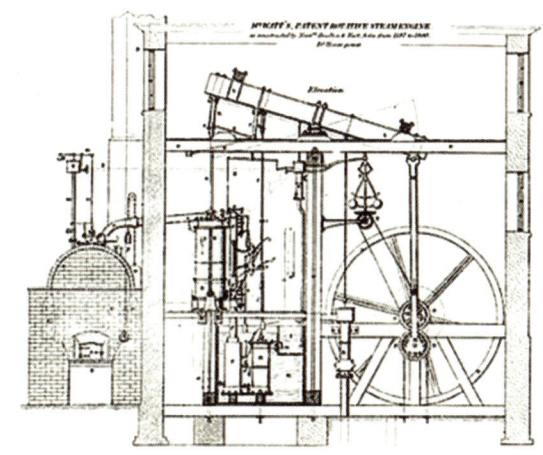

### 마이클 패러데이의 발전기와 전동기(1830년대)

오늘날 우리가 사용하는 전기의 대부분은 코일과 자석에서 나와요. 이 원리를 발견한 사람이 바로 영국의 과학자 마이클 패러데이예요. 1831년, 그는 자석을 코일에 가까이 움직이면 전류가 흐른다는 '전자기 유도' 현상을 발견했어요. 이것이 바로 발전기의 원리예요!
발전기는 기계적 에너지를 전기에너지로, 전동기는 반대로 전기를 운동에너지로 바꾸는 기계예요. 요즘 우리가 사용하는 스마트폰부터 발전소, 전기 자동차까지 모두 패러데이 덕분이에요.

### 알렉산더 그레이엄 벨의 전화기(1876년)

"여보세요?" 이 인사가 가능하게 된 건 알렉산더 그레이엄 벨 덕분이에요. 그는 사람의 목소리를 전기 신호로 바꿔서 멀리 있는 사람에게 전달하는 전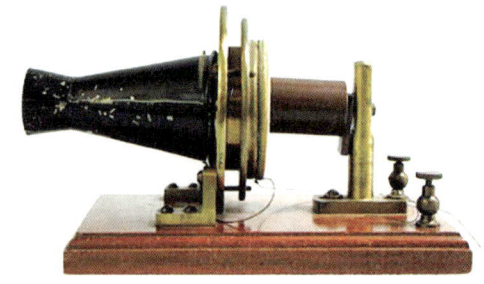화기를 발명했어요. 마이크에서 소리를 전기 신호로 바꾸고, 전선을 통해 보내고, 다시 소리로 복원하는 과정이죠.
이 원리는 소리의 진동수와 전기 신호의 진동수를 일치시키는 것이 핵심이에요. 전화로 인간은 물리적 거리를 넘어 '즉각적인 소통'을 할 수 있게 되었고, 이후 휴대전화, 인터넷 통신으로 발전하는 계기가 되었어요.

### 한스 폰 오하인의 제트엔진(1938년)

"이제 하늘도 길이다." 20세기 전까지만 해도 하늘을 날 수 있는 건 새뿐이었어요. 1930년대 말, 독일의 한스 폰 오하인과 영국의 프랭크 휘틀이 제트엔진을 개발  하며 최초의 제트기 시대가 열렸어요. 원리는 간단해요. 연료를 태워 고온 고압의 공기를 만들어 뒤로 내보내면, 반작용으로 앞으로 나아가는 힘이 생기는 거예요. 이 원리는 뉴턴의 운동 제3법칙, 즉 '힘은 항상 반대로 같은 크기로 작용한다'는 것을 그대로 이용한 거예요. 제트엔진은 항공기, 로켓, 우주선의 핵심 기술이 되었고, 인류의 이동 범위를 지구 너머까지 확장했어요.

## 마스 큐리오시티 로버(2012년)

지구에서 수억 킬로미터 떨어진 화성에 도착해서 땅을 파고, 사진을 찍고, 대기를 분석하는 기계가 있어요. 바로 NASA의 큐리오시티(Curiosity) 로버예요. 이 로봇은 원자력 에너지로 움직이며, 로봇팔, 컴퓨터 비전, 시료 분석 장치 등으로 무장했어요.

사람 없이도 스스로 생각하고 움직이며 데이터를 보내오는 이 기계는 인공지능, 로봇공학, 통신공학, 재료 공학의 총합이에요. 큐리오시티는 인류가 지구 밖에서 과학 탐사를 수행할 수 있음을 증명한 '움직이는 실험실'이에요.

출처: NASA/JPL/Cornell University, Maas Digital LLC

### 갈릴레오의 굴절망원경(1609년)

하늘을 보는 방법이 바뀐 건 이탈리아의 갈릴레오 갈릴레이 덕분이에요. 그는 네덜란드의 망원경을 개량해 달, 목성, 금성 등을 관찰했어요. 이 망원경은 볼록렌즈와 오목렌즈를 이용해 멀리 있는 빛을 모아 상을 확대하는 기계예요.

그가 본 하늘은 지금까지 믿어 왔던 '지구 중심 우주' 이론을 흔들었고, 인류는 지구가 우주의 중심이 아니라는 사실을 알게 되었어요. 이 발명은 현대 천문학의 시작점이에요.

### 헨리 베서머의 베서머 전로(1855년)

만약 이 기계가 없었다면 고층 건물도, 철도도, 다리도 없었을 거예요. 헨리 베서머는 철광석에 고온 산소를 불어 넣어 불순물을 없애고, 단단한 강철을 값싸고 빠르게 만드는 베서머 전로를 만들었어요. 이 기계는 화학 반응을 기계 시스템으로 만든 것이며, 이후 철도, 조선, 건축, 자동차 산업을 탄생시켰어요. 한마디로 '도시를 만드는 기계'라고 할 수 있어요.

## 확장 활동

## 나만의 기계 설계하기

발명이란 기존 문제를 새로운 방식으로 해결하는 창의적 사고의 결과예요. 단순히 새로운 것을 만들어 내는 것이 아니라, 기존 기능을 개선하거나 조합하여 새로운 시스템을 만들어 내는 과정이기도 하죠.

이 장에서는 나만의 간단한 기계를 구상해 보며, 어떤 문제를 해결할 수 있는지, 그 기계가 어떻게 작동하는지를 구조적으로 설명해 보는 활동을 진행해 볼 거예요.

**준비물**

고무줄, 막대자, 실, 바퀴, 종이 상자, 접착제, 나무젓가락 등 재활용 가능한 재료

> ⓔ
> - 책상 정리를 도와주는 도르래 달린 바구니
> - 지렛대 원리를 이용한 쓰레기 분리기
> - 경사면으로 설계된 자동 식기 건조대

## ❖ 활동 방법

### 1. 설계도 그리기

여러분이 만든 기계의 모습을 그림이나 도면으로 자세히 그려 보세요. 가능하다면 각 부품의 이름, 연결 방식, 기계가 움직이는 방향이나 힘의 흐름도 함께 표시해요. 색연필이나 다양한 재료를 활용하면 설계도가 더 보기 쉽고 재미있게 만들어질 수 있어요.

### 2. 작동 원리 설명하기

여러분의 기계가 어떻게 움직이고, 어떤 과학적 원리가 적용되는지 단계별로 설명해 보세요.

예를 들어, 지렛대, 도르래, 바퀴와 축, 경사면, 나사 등 어떤 간단한 기계의 원리가 들어갔는지, 힘이 어떻게 전달되고, 에너지가 어떻게 변환되는지 구체적으로 말해요.

필요하다면 간단한 실험이나 시연도 준비해 친구들에게 보여 주세요.

### 3. 해결하는 문제와 기대 효과 정리하기

여러분의 기계가 어떤 문제를 해결하기 위해 만들어졌는지, 실생활에서 어떤 불편함이나 어려움을 어떻게 개선할 수 있는지 정리해 보세요.

이 기계가 사용된다면 어떤 점이 더 편리해지고, 우리 생활에 어떤 변화가 생길지 상상해요.

### 4. 발표 준비와 연습

설계도와 설명 자료를 정리해 친구들 앞에서 자신 있게 발표해 보세요. 발표할 때는 목소리를 또렷하게 내고, 친구들의 질문에도 친절하게 답해요.

다른 친구들의 기계도 관심 있게 듣고, 좋은 점이나 궁금한 점을 서로 나눠 보세요.

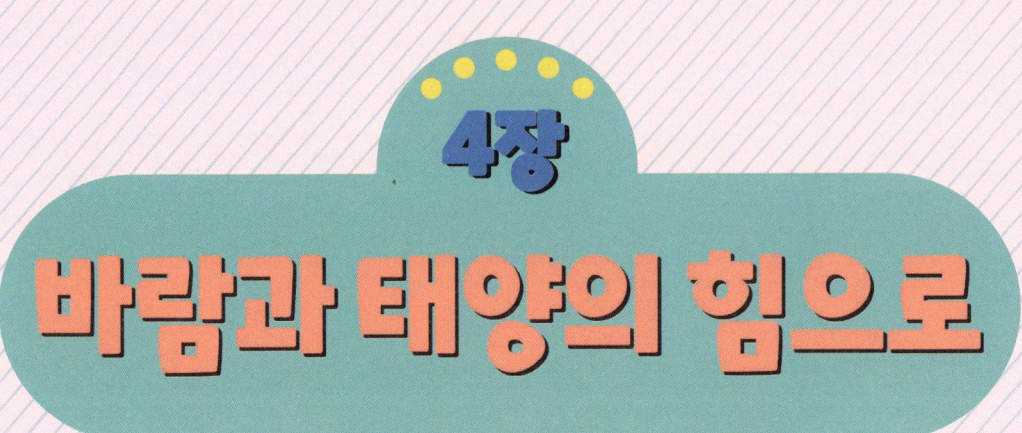

# 4장
# 바람과 태양의 힘으로

변화와 지속 가능성

**중심 개념**
에너지
(Energy)

**관련 개념**
지속 가능성
(Sustainability)

**사고 개념**
원인(Causation)
연결(Connection)

## 연계 교과

- 과학: 태양광 패널과 풍력 터빈의 원리를 배우며 에너지 전환 과정 탐구하기
- 사회: 화석 연료와 기후 변화의 원인을 살펴보고 국제 사회의 협력 이해하기
- 실과: 생활 속 에너지 절약 방법을 조사하고 친환경적인 생활 습관 실천하기

## 탐구 질문

❖ 우리가 쓰는 전기는 어디에서, 어떤 방식으로 만들어질까요?

❖ 화석연료 대신 사용할 수 있는 자연 에너지는 어떤 종류가 있고, 각각 어떤 장단점이 있을까요?

❖ 내가 사는 지역에는 어떤 친환경 에너지가 잘 어울릴까요? 그리고 나는 어떤 에너지 절약 실천을 할 수 있을까요?

**교과서 속**

**연결 이야기**

바람과 태양의 힘을 배우는 것은 우리가 쓰는 에너지가 어디에서 오고, 어떻게 지구의 미래와 연결되는지를 이해하는 일이에요.

**과학** 시간에는 태양광 패널이 햇빛을 전기로 바꾸고, 풍력 터빈이 바람의 힘으로 전기를 만드는 과정을 배우며, 에너지가 다른 형태로 전환되는 원리를 탐구해요. 또 실험과 모형을 통해 자연 에너지가 어떻게 작동하는지를 직접 체험하지요.

**사회** 시간에는 화석 연료 사용이 기후 변화와 어떤 관련이 있는지, 지구가 점점 더 뜨거워지는 원인을 살펴보고, 지속 가능한 에너지 사용을 위해 국제 사회가 어떤 노력을 하고 있는지도 배워요. 기후 변화가 우리의 생활에 주는 영향을 탐구하며 환경을 지키는 시민의 역할을 생각하지요.

**실과** 시간에는 우리 집과 생활 속에서 전기를 어떻게 절약할 수 있는지 조사하고, 다양한 활동을 통해 친환경적인 생활 습관을 기르는 방법을 실천해요. 생활 속 작은 실천들이 지구와 연결된다는 것을 직접 체험하며 책임감을 키우게 되지요.

그래서 바람과 태양의 힘을 배우는 것은 단순히 에너지의 원리를 아는 것이 아니라, 지구와 연결된 삶을 이해하고 지속 가능한 미래를 만들어 갈 힘을 기르는 일이에요.

# 지민이의 질문

"엄마, 나 지금 텔레비전 끄면… 우리 집도 지구를 지키는 거야?"

저녁이 되자 지민이는 거실 소파에 앉아 있던 텔레비전을 '딸깍' 끄고는 고개를 갸웃하며 물어봤어요. 엄마는 잠시 웃으며 지민이 옆에 다가와 앉았죠.

"그럼, 당연하지. 아주 작은 실천이지만, 그런 것들이 모이면 큰 변화를 만들 수 있어."

엄마가 잠시 생각하다가 다시 물었어요.

"우리가 매일 쓰는 전기, 어디서 오는지 알고 있니?"

지민이는 잠시 생각하더니 자신 있게 대답했어요.

"발전소에서 오잖아요. 책에서 봤어요!"

엄마는 고개를 끄덕였어요.

"맞아. 그런데 발전소는 어떻게 전기를 만들까?"

지민이는 눈을 크게 떴어요. "음… 기계로?"

"기계는 맞는데, 그 기계를 움직이려면 '에너지'가 필요하단다. 대부분 발전소는 석탄이나 석유, 천연가스 같은 화석연료를 태워서 큰 터빈을 돌리고, 그 힘으로 전기를 만들어. 그런데 이때 나오는 이산화탄소($CO_2$)는 지구를 더 뜨겁게 만들어. 우리가 뉴스에서 본 폭염이나 산불, 홍수도 다 그런 이유와 연결돼 있지."

지민이는 갑자기 진지해졌어요.

"그럼… 전기를 쓰는 게 지구를 아프게 할 수도 있는 거예요?"

엄마는 고개를 끄덕이며 말씀하셨어요.

"그래서 전 세계가 요즘엔 태양, 바람, 물처럼 자연에서 얻을 수 있는 깨끗한 에너지를 더 많이 쓰려고 노력하고 있어. 그건 지구를 아프게 하지 않거든."

지민이는 무릎을 꿇고 앉아, 거실 천장에 달린 조명을 올려다보며 말했어요.

"이 불도… 그런 깨끗한 에너지로 켜지면 좋겠다."

"그럴 수 있어. 앞으로는 우리 집 지붕에 태양광 패널을 달 수도 있고, 바닷가에는 바람개비처럼 생긴 풍력 발전기도 많아질 거야."

그날 밤, 지민이는 불을 끄고 자기 방에 들어가면서 혼잣말을 했어요.

"내가 쓰는 전기 하나도… 지구랑 연결돼 있구나."

그리고는 결심했어요. 내일부터는 불필요한 전기는 끄기, 스마트폰 충전은 꼭 필요할 때만 하기, 그리고 친구들에게도 이 얘기를 꼭 해 주기!

지민이의 조그만 질문 하나가, 지구를 지키는 커다란 배움의 첫걸음이 되었어요.

**개념 이해**

자연의 힘으로 만드는
에너지는 무엇이 있을까요?

### 태양광 에너지 – 햇빛으로 전기 만들기

어느 날 지민이는 학교 옥상에서 검은색 판들이 햇빛을 받는 모습을 보았어요. 호기심이 생긴 지민이는 선생님께 다가가 물어보았죠. "선생님, 저건 뭐예요?" 선생님은 웃으며 대답했어요. "저건 태양광 패널이야. 햇빛을 받아서 전기를 만드는 장치란다."

태양광 패널은 햇빛이 닿으면 그 에너지를 전기로 바꾸는 특별한 장치예요. 그 안에는 '태양전지'라는 부품이 들어 있어서, 빛이 닿을 때 전기가 흐르게 되는 원리를 가지고 있어요. 이 기술은 더는 미래의 기술이 아니에요. 요즘은 학교 옥상, 집의 지붕, 공장, 마트, 버스정류장,  심지어는 주차장 지붕 위에도 태양광 패널이 설치돼 있답니다.

태양광 에너지의 가장 큰 장점은 햇빛이 공짜라는 점이에요. 태양은 매일 아침 떠오르고, 누구에게나 똑같이 빛을 내려 줘요. 그리고 햇빛으로 전기를 만들면 석탄이나 석유 같은 연료를 태울 필요가 없으므로, 공기를 오염시키지도 않아요. 또 기계가 조용히 작동해서 주변에 소음을 일으키지 않아요. 하지만 단점도 있어요. 밤에는 당연히 햇빛이 없고, 흐리거나 비 오는 날에도 전기를 충분히 만들 수 없어요. 또 태양광 설비를 설치하려면 초기에 큰 비용이 들기 때문에, 집마다 당장 쉽게 설치하기는 어렵기도 해요. 그럼에도 불구하고 시간이 지나면서 전기 요금을 아낄 수 있어서, 장기적으로는 좋은 선택이 될 수 있어요.

## 풍력 에너지 – 바람의 힘으로 돌리기

며칠 뒤 지민이는 가족과 함께 바닷가로 여행을 가게 되었어요. 해안선을 따라 펼쳐진 풍경 속에서 멀리 거대한 바람개비 같은 구조물이 줄지어 서 있는 것이 보였죠. 지민이는 눈을 반짝이며 소리쳤어요. "우와! 저건 진짜 큰 선풍기인가요?" 그러자 아빠가 웃으며 설명해 주셨어요. "저건 풍력 터빈이란다. 바람이 불면 날개가 돌아가고, 그 힘으로 전기를 만드는 거지."

풍력 터빈은 길쭉한 기둥 위에 커다란 날개가 달려 있어요. 바람이 불면 날개가 회전하고, 그 회전 에너지를 전기에너지로 바꾸는 거예요. 이 장치는 바람이 자주 강하게 부는 바닷가나 산꼭대기, 넓은 평야 지역에 설치되는 경우가 많아요.

==풍력 에너지는 바람만 있으면 연료 없이 계속 전기를 만들 수 있어요.== 이산화탄소도 거의 배출하지 않아서 지구를 덥게 만들지도 않지요. 그래서 환경을 지키는 데 큰 도움이 돼요. 하지만 이 에너지에도 단점은 있어요. 바람이 불지 않는 날에는 전기를 만들 수 없고, 바람

이 불어도 너무 약하면 날개가 잘 돌지 않아요. 또 날개가 돌아갈 때 나는 소음이 가까이에 사는 사람들에게 불편을 줄 수 있고, 하늘을 나는 새들이 날개에 부딪히는 사고가 생길 수도 있어요. 그래서 풍력 터빈을 설치할 때는 새들의 이동 경로나 지역 생태계에 미치는 영향을 신중하게 따져야 해요.

### 수력 에너지 – 흐르는 물의 힘

수업 시간에 '수력발전'이라는 단어를 배운 지민이는 선생님께 질문했어요. "선생님, 물로도 전기를 만들 수 있어요?" 선생님께서는 고개를 끄덕이며  말씀하셨어요. "그럼, 물은 아주 강력한 힘을 가지고 있단다. 높은 곳에서 떨어지는 물의 힘을 이용하면 터빈을 돌릴 수 있고, 그 힘으로 전기를 만들 수 있지."

==수력 에너지는 강이나 호수의 물을 댐에 저장해 두었다가, 높은 곳에서 아래로 흘려보내면서 그 낙차의 힘으로 터빈을 돌리는 방식==이에요. 한국에도 소양강댐, 충주댐 같은 큰 수력발전소가 있고, 이 발전

소들은 안정적으로 전기를 공급하는 데 큰 역할을 하고 있어요.

수력발전의 장점은 전기를 비교적 꾸준히 만들 수 있다는 거예요. 물의 양과 흐름을 인위적으로 조절할 수 있어서, 사람들이 전기를 많이 쓰는 시간에 맞춰 물을 흘려보낼 수도 있어요. 그러나 수력발전도 마냥 좋은 것만은 아니에요. 커다란 댐을 만들기 위해 산과 숲을 깎고 마을을 옮겨야 할 수도 있어요. 그 과정에서 동식물의 서식지가 사라지고, 물고기들이 강을 따라 이동하는 길이 막히는 등 자연환경에 큰 영향을 줄 수 있어요. 그래서 수력발전을 할 때는 환경을 보호하면서도 균형 있게 발전을 운영하는 것이 중요해요.

### 왜 지속 가능한 에너지가 필요할까요?

이처럼 태양광, 풍력, 수력 에너지는 모두 자연의 힘을 이용해 전기를 만들어 내는 방식이지만, 이들에는 한 가지 특별한 공통점이 있어요. 바로 지속적으로 다시 쓸 수 있다는 것, 즉 ==재생 가능하다는 점==이에요. 이런 에너지를 영어로는 renewable energy라고 부르는데, 말 그대로 '다시 새롭게 생겨나는 에너지'라는 뜻이에요. 햇빛은 매일 아침 떠오르고, 바람은 계속 불고, 물은 강과 바다를 따라 끊임없이 흐르기 때문에, 우리가 아무리 사용해도 사라지지 않아요. 반면 석탄이나 석유 같은 화석연료는 한 번 태우면 다시 쓸 수 없고, 태우는 과정에서 지구를 더 덥게 만드는 온실가스도 많이 배출해요.

지금처럼 화석연료에만 의존해서 전기를 만든다면, 지구는 점점 더 뜨거워지고, 북극의 얼음은 녹아내리며, 홍수, 가뭄, 폭염 같은 기후 재난이 더 자주 일어나게 될 거예요. 그래서 지금 전 세계는 지속 가능한 방식으로 에너지를 생산하고 소비하는 방법, 즉 재생 가능 에너지의 사용을 빠르게 늘려가고 있어요. 태양광 패널을 더 많이 설치하고, 풍력 터빈을 바닷가나 들판에 세우고, 댐을 지어 물의 힘을 전기로 바꾸는 다양한 기술들이 계속 발전하고 있는 이유도 바로 그 때문이에요.

## 개념 확장

## 바뀌는 지구, 바뀌는 세금
### - 탄소세 이야기

요즘 우리 지구는 점점 더워지고 있어요. 여름엔 너무 더워지고, 갑작스러운 폭우나 산불도 많아졌죠. 이런 기후변화는 우리가 오랫동안 석탄, 석유, 천연가스 같은 화석연료를 많이 사용한 결과예요. 이런 연료를 태우면 '이산화탄소($CO_2$)' 같은 온실가스가 생기고, 그 기체들이 공기 중에 모여 열을 가둬요. 그래서 지구는 점점 뜨거워지는 거예요.

이렇게 되면 북극의 얼음이 녹고, 해수면이 높아지고, 농작물이 잘 자라지 않게 되죠. 그래서 세계 여러 나라가 지구를 지키기 위해 힘을 모으고 있어요. 그중 하나가 바로 '탄소세'라는 제도예요.

### 탄소세란 무엇일까요?
탄소세는 '탄소를 많이 내보내는 사람이나 회사가 돈을 더 내는 세금'이에요. 예를 들어, 석탄이나 석유를 많이 태우는 발전소나 공장은 이산화탄소를 많이 내보내기 때문에 그만큼 세금을 더 내야 해요. 반대로, 친환경적인 방법으로 전기를 만드는 회사는 세금을 적게 내도 돼요. 이렇게 하면 모두가 '탄소를 줄이기 위해 노력해야겠다'고 생각하게 되겠죠.

### 세계는 어떻게 하고 있을까요?
탄소세는 1990년, 핀란드에서 처음 시작되었어요. 지금은 유럽연합(EU), 스웨덴, 일본, 싱가포르 등 40개 나라에서 시행되고 있어요. 스웨덴은 세계에서 가장 높은 탄소세를 내고 있지만, 환경도 지키고 경제도 잘 운영하고 있어요.
어떤 나라는 '배출권 거래제'라는 제도도 함께 사용하고 있어요.

이것은 나라나 회사가 '탄소를 얼마나 배출할 수 있는지 정해진 양'을 사고파는 방식이에요. 예를 들어, 탄소를 적게 쓰는 회사는 남는 배출권을 팔 수 있고, 많이 쓰는 회사는 사야 해요.

## 탄소세는 왜 중요한가요?

탄소세의 가장 큰 목적은 '탄소를 줄이는 것이 돈으로도 이익이 되도록' 만드는 거예요. 세금을 피하려고 탄소를 줄이는 기술을 개발하거나, 태양광, 풍력, 수력 같은 친환경 에너지로 바꾸도록 유도하는 거죠.

실제로 스웨덴이나 핀란드는 탄소세를 시작한 이후 탄소 배출이 줄었고, 나라 경제도 크게 나빠지지 않았어요. 물론 세금이 생기면 물건값이 오르거나 공장이 힘들어질 수도 있어요. 그래서 많은 나라는 저소득층이나 산업체에 보조금을 주거나 세금을 깎아 주는 정책도 함께 시행하고 있어요.

## 지구를 위한 국제 협력

2015년, 파리협정에서는 세계 196개 나라가 함께 약속했어요. "지구 평균 온도를 산업화 이전보다 2°C 이상 오르지 않도록 하

자. 가능하면 1.5°C 이내로 막자!"라는 내용이에요. 이 약속을 지키기 위해 각 나라는 5년마다 탄소 줄이기 목표(NDC)를 내고, 조금씩 더 높여야 해요. 또한, 나라들끼리 탄소를 줄인 양을 사고팔 수 있는 국제 탄소 시장도 2024년부터 본격적으로 시작되고 있어요. 어떤 나라는 기술이 좋아서 쉽게 줄일 수 있고, 어떤 나라는 어려워서 서로 협력하는 방식이에요.

유럽연합은 '탄소 국경 조정 제도(CBAM)'라는 것도 만들었어요. 이건 수입하는 물건에도 탄소세를 매기는 제도예요. 다른 나라에서 만들어진 물건이더라도 탄소를 많이 썼다면 세금을 매겨 공정하게 만들겠다는 뜻이에요.

## 앞으로 우리는 무엇을 해야 할까요?

탄소세는 정부나 회사만 신경 써야 하는 문제가 아니에요. 우리도 할 수 있는 일이 있어요. 전기를 아껴 쓰고, 가까운 곳은 걸어 다니고, 고기를 줄이고 채소를 더 많이 먹는 것도 지구를 돕는 방법이에요. 국제기구들은 앞으로 지구를 지키려면 한 사람당 1년에 탄소를 1~2톤 정도로 줄이는 것을 목표로 해야 한다고 말해요. 우리가 지금 함께 변하지 않으면, 미래 세대는 더 큰 어려움을 겪을지도 몰라요.

확장 활동

## 생활 속 에너지 이해와 실천

### 1. 우리 집 에너지 탐험 일기

우리는 매일 집에서 많은 전기를 사용해요. 이 활동을 통해 우리 집에서 전기가 어디에서, 어떻게 쓰이고 있는지 직접 관찰하고, 에너지를 절약할 방법을 생각해 볼 수 있어요.

**준비물**

에너지 탐험 일지(A4 혹은 노트), 시계 또는 스마트폰 시계, 색연필 혹은 형광펜

❖ 활동 방법

1. 관찰 기간 정하기

    1주일 동안 가족과 함께 집 안에서 전기를 사용하는 장소와 기기를 관찰해요.

2. 사용 시간 기록하기

    ( 예 "오전 7시, 냉장고 작동 중", "아침 준비하며 전기밥솥 사용", "오후 8시, 거실 TV와 조명 켜짐" )

3. 불필요한 전기 사용 찾기

    사용하지 않는데 계속 켜져 있는 기기나 불을 체크해요.

4. 실내 온도 조절 방법 관찰

    - 여름에는 선풍기, 커튼 사용
    - 겨울에는 창문 단열, 무릎 담요 활용 등

❖ 탐색 질문

- 전기가 가장 많이 사용되는 시간대는 언제일까요?
- 우리 집에서 전기를 아끼는 방법은 무엇일까요?
- 내가 실천할 수 있는 에너지 절약 습관은 어떤 것이 있을까요?

❖ **응용 활동**
- 1주일 관찰 내용을 표나 그래프로 정리해 보세요.
- 가족에게 내가 찾은 에너지 절약 아이디어를 발표해 보세요.

## 2. 태양광 오븐 만들기 실험

❖ **실험 목표**

태양광이 열로 바뀌는 원리를 이해하고, 태양열 상자 오븐을 직접 만들어 내부 온도 변화를 측정해요

---
**준비물**

작은 종이 상자(택배 상자, 신발 상자 등), 알루미늄 포일,

투명 랩(랩이나 투명 비닐), 검은색 종이, 테이프, 가위,

작은 간식(초콜릿, 마시멜로, 치즈 조각 등), 햇빛이 잘 드는 장소

---

❖ **실험 방법**

1. 상자 안쪽에 알루미늄 포일을 골고루 붙여 햇빛을 반사할 수 있도록 만들어요.

2. 바닥에는 검은색 종이를 깔아 열을 더 잘 흡수하게 해요.
3. 윗부분 덮개는 투명 랩을 붙여 열을 안에 가둘 수 있도록 덮어요.
4. 작은 간식을 상자 안에 넣고, 햇빛이 강한 날 창가나 마당에 30분~1시간 정도 두어 열을 관찰해 봐요.

### ❖ 탐색 질문

- 햇빛의 방향과 시간에 따라 오븐 안의 온도는 어떻게 달라질까요?
- 알루미늄 포일과 검은 종이의 역할은 각각 무엇이었을까요?
- 태양의 열만으로 음식을 데울 수 있다면 어떤 상황에서 유용할까요?

### ❖ 응용 활동

- 친구나 가족에게 태양광 오븐을 어떻게 만들었는지 설명서로 정리해 주세요.
- 나만의 태양광 발명 아이디어를 스케치북에 그려 보고 발표해 보세요.

# 5장
# 시간이 흐르면 무엇이 달라질까요?

변화와 기술

## 중심 개념
기술 변화
(Technological Change)

## 관련 개념
진화(Evolution)
관찰(Observation)

## 사고 개념
변화(Change)
관점(Perspective)

### 연계 교과

- **과학**: 증기기관, 전기, 컴퓨터, 인공지능 같은 기술의 발전 과정을 배우며 생활 속 문제 해결 원리를 탐구하기
- **사회**: 교통과 통신 발달이 생활과 사회 구조를 바꾼 과정을 배우며 기술 변화가 사회와 가치에 미친 영향을 이해하기
- **국어**: 기술 변화에 대한 조사 결과를 설명하는 글로 정리하거나 발표하며, 세대 간 생활 변화를 비교해 생각을 표현하기

### 탐구 질문

❖ 시간의 흐름에 따라 기술은 어떻게 변화해 왔을까요?

❖ 기술의 변화는 사람들의 생활 방식에 어떤 영향을 주었을까요?

❖ 앞으로 등장할 미래 기술은 어떤 문제를 해결할 수 있을까요?

**교과서 속**  **연결 이야기**

시간을 따라 변하는 기술을 배우는 것은 단순히 새로운 발명을 아는 것이 아니라, 기술이 사람들의 생활과 사회의 모습을 어떻게 바꾸어 왔는지를 이해하는 일이에요.

**과학** 시간에는 증기기관, 전기, 컴퓨터, 인공지능과 같은 기술의 발전 과정을 배우며, 기술이 생활 속 문제를 어떻게 해결해 왔는지 탐구해요. 과거에는 손으로 하던 일을 기계가 대신했고, 지금은 스마트폰과 AI가 생활을 편리하게 만들고 있다는 사실을 관찰하지요.

**사회** 시간에는 교통과 통신의 발달이 생활을 빠르고 편리하게 바꾸었고, 산업과 문화가 서로 연결되면서 새로운 사회적 변화가 생겨났다는 점을 배워요. 기술 변화가 단순한 생활 도구의 변화가 아니라, 사회 구조와 가치에도 큰 영향을 준다는 것을 살펴보게 되지요.

**국어** 시간에는 기술의 변화를 조사한 내용을 설명하는 글로 정리하거나 발표하면서, 생각을 체계적으로 표현하는 힘을 길러요. 또 가족이나 어르신들의 생활을 인터뷰해 지금과 비교하며, 변화의 과정을 자신의 경험과 연결해 보기도 하지요.

그래서 시간을 따라 변하는 기술을 배우는 것은 단순히 물건이 어떻게 달라졌는지를 아는 것이 아니라, 사람과 사회가 함께 발전해 온 과정을 이해하고, 미래를 상상하며 더 나은 삶을 준비하는 힘을 기르는 일이에요.

# 지민이의 시간 여행

 역사 수업 시간, 지민이는 처음으로 '산업혁명'이라는 단어를 들었어요. 선생님은 산업혁명이 사람들의 생활을 완전히 바꾼 큰 변화였다고 설명해 주셨어요. 기계가 손으로 하던 일을 대신하게 되면서, 전기와 자동차, 스마트폰 같은 기술의 기초가 마련되었다는 이야기를 들은 지민이는 무척 흥미로웠지요.
 "우리는 지금 인공지능과 로봇이 발전하는 4차 산업혁명 시대

에 살고 있어요."

선생님의 말씀에 지민이는 생각했어요.

'우리가 당연하다고 여기는 지금의 기술도, 언젠가는 옛날이야기가 되겠지?'

집에 돌아온 지민이는 할아버지에게 물었어요.

"할아버지, 어릴 땐 스마트폰이 없었다면서요?"

"그럼, 전화는 줄 서서 공중전화를 써야 했고, 영화는 영화관에서만 볼 수 있었단다."

지민이는 깜짝 놀랐어요. 지금은 언제든 영화를 보고, 친구와 영상통화를 하고, 모르는 것도 금세 찾아볼 수 있잖아요.

하지만 이런 변화는 하루아침에 일어난 것이 아니었어요. 증기기관차, 대량생산 자동차, 컴퓨터와 인터넷, 그리고 이제는 인공지능까지… **기술은 사람들의 필요에 따라 계속 진화**해 온 거예요.

요즘 지민이는 학교에서 AI에 관한 책을 읽고 있어요.

"AI는 사람처럼 생각하고 학습하는 기계예요."

선생님은 말씀하셨어요.

"앞으로는 AI가 병을 진단하고, 로봇이 배달을 하고, 가상현실에서 수업을 듣는 시대가 올 수도 있어요. 하지만 중요한 건 기술을 어떻게 사용하는지에 대한 우리의 태도랍니다."

과학 시간에 배운 "관찰은 좋은 질문을 만든다."라는 말을 떠올리며, 지민이는 과거와 현재의 기술을 비교해 보기로 했어요.

편지        이메일

공중전화 → 스마트폰

지도책 → 내비게이션

단지 물건이 바뀐 것이 아니라, 사람들의 생활과 생각까지도 달라졌다는 것을 깨달았죠.

그리고 지민이는 상상해 봤어요.

'미래에는 어떤 변화가 있을까? 하늘을 나는 자동차, 감정을 읽는 AI, 쓰레기를 100% 다시 쓰는 기술….'

생각만 해도 가슴이 뛰었어요. 그날 밤, 지민이는 일기장에 이렇게 썼어요.

"시간이 흘러도 변하지 말아야 할 건 사람의 마음이고, 시간이 흐르며 계속 바뀌는 건 세상을 더 좋게 만들고 싶은 우리의 노력이다."

**개념 이해**

### 기술이 발전하면 왜 오래 살 수 있게 될까요?

옛날 사람들은 지금보다 오래 살지 못했어요. 약 200년 전만 해도 사람들의 평균수명은 겨우 30~40살 정도였지요. 아기들이 태어나도 건강하지 않아서 일찍 죽는 일이 많았고, 깨끗한 물도 없었기 때문에 병에 걸리는 사람도 많았어요. 음식을 제대로 먹지 못해 몸이 약해지기도 했고요.

하지만 지금은 어때요? 세계 여러 나라에서 평균수명이 70세를 넘고, 일부 나라에서는 훨씬 더 오래 살아요! 왜 이렇게 달라졌을까요? 과학과 기술이 점차 발달하면서 건강한 삶을 가능하게 했기 때문이에요.

## 기술이 바꿔 놓은 건강한 삶

기술이 발전하면서 생긴 일들을 살펴볼까요?

- 병을 막는 백신이 생겼어요.( 예 천연두는 이제 없어졌어요!)
- 항생제라는 약이 생겨서 병을 쉽게 이겨 낼 수 있어요.
- 깨끗한 물을 집까지 보내 주는 수도 시설이 생겼어요.
- 음식을 오래 보관할 수 있는 냉장고도 생겼지요.
- 병원에서는 X-ray, CT 같은 기계로 몸속을 들여다볼 수 있게 되었어요.

이런 것들이 모두 사람들을 더 오래, 더 건강하게 살도록 도와준 기술이에요.

## 기술이 생기면서 사람들의 생활도 달라졌어요

옛날에는 거의 모든 사람이 가난하게 살았어요. 1820년에는 10명 중 9명이 하루에 2달러(약 2,600원, 당시 돈 가치로 계산하면 매우 적은 금액)도 못 벌었어요. 그런데 지금은 어때요? 지금은 세계의 많은 지역에서 10명 중 9명이 그보다 훨씬 더 나은 삶을 살아요! 하지만 일부 지역에서는 여전히 가난한 사람들이 있답니다. 학교도 다니고, 맛있는 것도 먹고, 따뜻한 집에서 살 수 있게 되었지요. 어떻게 이렇게 바뀌었을까요? 그 이유도 기술이에요.

- 공장에서 물건을 빠르게 만드는 기계
- 자동차, 기차, 비행기
- 전기, 스마트폰, 인터넷
- 로봇, 인공지능

이런 것들이 모두 사람들이 편리하게 일하고, 더 많은 돈을 벌 수 있도록 도와준 기술이에요.

## 기술 덕분에 일하는 시간도 줄었어요!

옛날에는 12시간 이상 온종일 일을 해야 겨우 밥을 먹을 수 있었어요. 그런데 지금은 기계가 일을 도와주기 때문에 사람들은 더 짧게 일하고도 더 많이 벌 수 있어요. 그리고 쉬는 시간도 늘어났어요. 예를 들어, 1800년대 영국에서는 주당 60시간 넘게 일했지만, 지금은 보통 주당 40시간 정도만 일해요!

## 그런데 모두가 똑같이 잘살게 된 건 아니에요

기술이 생겨서 많은 사람이 더 잘살게 되었지만, 모두가 똑같이 부자가 된 건 아니에요.

예를 들어,

- 똑똑한 기계를 잘 쓰는 사람들은 더 많은 돈을 벌 수 있어요.
- 하지만 옛날 방식으로만 일하는 사람들은 오히려 어려움을 겪기도 해요.

이런 걸 불평등이라고 해요.

그래도 많은 나라에서는 기술을 잘 나누고, 모두가 함께 잘 사는 방법을 찾고 있어요. 좋은 법과 교육, 기술 나눔이 그것이에요!

## 건강과 기술, 경제는 서로 도와주는 사이예요

기술이 발달하면 병이 줄어들고, 사람들이 건강해져요. 건강한 사람은 더 잘 일하고, 더 많은 걸 만들 수 있어요. 그러면 나라는 경제적으로 더 부자가 되고, 다시 병을 고치는 데 더 많은 돈을 쓸 수 있어요. 이렇게 서로서로 좋은 영향을 주고받는 것을 '선순환'이라고 해요.

## 숫자로 보는 놀라운 변화!

| 항목 | 옛날(약 1800년) | 지금(2025년 기준) |
|---|---|---|
| 평균 수명 | 약 30~40세 | (세계)약 73세, 일본이나 스위스 같은 나라는 84세 이상 |
| 하루 $2 미만 소득 비율 | 약 94% | 약 8.4% |
| 1인당 소득 | 낮음 | 10~20배 증가 (계속 증가하는 중) |

이렇게 보면, 기술이 사람들의 삶을 얼마나 많이 바꾸었는지 알 수 있어요!

## 앞으로도 기술은 우리 삶을 바꿀 거예요

기술은 지금도 계속 발전하고 있어요. 인공지능, 로봇, 재생 의학 같은 새로운 기술은 앞으로 병도 더 잘 고치고, 생활도 더 편하게 만들 거예요.

하지만 중요한 건, 이런 기술이 모든 사람이 함께 나눌 수 있는 것이 되어야 해요. 그래야 모두가 더 오래, 행복하게 살아갈 수 있겠지요!

## 개념 확장

### 시간이 흐르며 진화한 기술
- 인공지능의 어제와 오늘, 그리고 내일

지금 우리가 사용하는 스마트폰 속 인공지능 비서, 번역기, 추천 시스템은 단순히 최근에 생겨난 기술이 아니에요. 아주 오래전, 컴퓨터가 발명되기 전부터 사람들은 기계가 스스로 계산하고 생각할 수 있을지에 대한 궁금증을 품어 왔어요. 그리고 이런 상상은 1930년대 **앨런 튜링이라는 수학자의 아이디어에서부터 본격적으로 시작**되었어요.

튜링은 "기계도 계산을 할 수 있을까?"라는 질문에 답하기 위해, '튜링 머신'이라는 개념을 만들었어요. 이 기계는 무한히 긴 테이프 위의 기호를 읽고, 지시에 따라 바꾸고, 왼쪽이나 오른쪽으로 움직이기만 할 수 있는 아주 단순한 구조였어요. 하
지만 이 단순한 아이디어는 복잡한 계산을 풀 수 있는 강력한 원리를 담고 있었죠. 이 튜링 머신은 지금 우리가 쓰는 거의 모든 컴퓨터처럼 복잡한 문제를 해결할 수 있는 기본 원리를 가지고 있었어요. 나중에 튜링은 하나의 기계가 여러 프로그램을 읽고 다양한 일을 할 수 있도록 한 '유니버설 튜링 머신' 개념도 발표했는데, 오늘날의 컴퓨터나 스마트폰도 바로 이 원리에 따라 작동하고 있어요.

제2차 세계대전 중, 튜링은 실제로 기계 설계를 통해 기술을 실현하기 시작했어요. 그는 독일군이 사용하던 복잡한 암호 '에니그마'를 해독하기 위해 '봄베'라는 전기 기계식 컴퓨터를 만들었어요. 이 기계는 수많은 경우의 수를 빠르게 계산해서 암호를 풀었고, 실제로 전쟁에서 연합군이 승리하는 데 크게 이바지했어요. 이처럼 기술은 단순한 계산에서 시작해, 사회와 역사의 흐름까지도 바꾸는 역할을 하게 되었어요.

전쟁이 끝난 후 튜링은 기계가 단순히 계산만 하는 것이 아니라, 사람처럼 '학습'하고 '생각'할 수 있을지도 모른다는 가능성에 주목했어요. 그는 컴퓨터가 스스로 경험을 통해 프로그램을 바꾸고 성장할 수 있다고 주장했고, 이를 통해 ==오늘날의 인공지능 기술, 특히 머신러닝(Machine Learning)의 기본 아이디어==가 생겨났어요. 또 그는 '튜링 테스트'라는 실험을 제안했어요. 사람이 컴퓨터와 대화해보고, 그것이 사람인지 기계인지 구별할 수 없다면, 그 기계는 '지능이 있다'고 인정할 수 있다는 개념이에요. 이 테스트는 지금도 인공지능의 수준을 평가하는 기준 중 하나로 사용되고 있어요.

이후 1950년대에는 '인공지능'이라는 말이 공식적으로 등장하게 되었고, AI는 퍼즐을 풀고 체스를 두는 등 규칙 기반 문제에서는 점점 더 똑똑해졌어요. 하지만 언어를 이해하거나, 눈으로 사물을 인식하는 일처럼 더 복잡한 문제에서는 아직 어려움을 겪었어요. 컴퓨터의 성능이 약하고 기대가 너무 컸던 탓에 몇 번의 침체기를 겪기도 했죠. 그래도 1990년대 이후 컴퓨터의 속도가 빨라지고, 인터넷과 디지털 기술이 발달하면서 AI는 다시 빠르게 성장하기 시작했어요.

특히 2010년대에는 '딥러닝(Deep Learning)' 기술이 등장하며, 인공지능은 한 단계 더 진화하게 되었어요. 딥러닝은 사람의 뇌를 흉내 낸 구조로, AI가 그림을 보고, 목소리를 듣고, 언어를 이해하고, 심지어 새로운 내용을 만들어 낼 수 있도록 해 주었어요. 구글의 '알파고'가 바둑 세계 챔피언을 이기고, 챗봇이 자연스럽게 대화를 하며, 음악을 작곡하거나 그림을 그리는 AI가 등장한 것도 이 딥러닝 기술 덕분이에요.

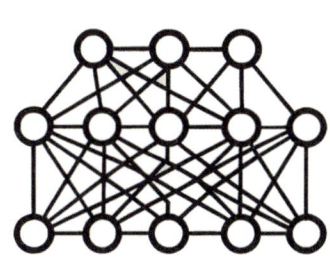 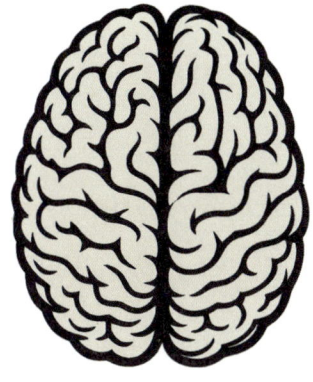

최근에는 챗GPT와 같은 생성형 AI가 많은 관심을 받고 있어요. 이런 AI는 사람처럼 자연스럽게 글을 쓰거나 설명을 하고, 질문에 대답하거나 이야기를 만들어 낼 수 있어요. 또, 글뿐만 아니라 소리, 이미지, 영상까지도 다룰 수 있는 멀티모달 AI도 빠르게 발전하고 있어요.

하지만 이처럼 AI가 똑똑해지면, 한 가지 중요한 질문이 생겨요. "AI가 언젠가는 인간보다 더 똑똑해질 수 있을까?" 이 질문에 대해 과학자들은 '싱귤래리티(Singularity, 기술적 특이점)'라는 개념을 제시했어요. 이것은 AI가 인간의 지능을 넘어서는 순간을 말해요. 그 이후에는 AI가 자신을 개선하면서 더 높은 속도로 성장하게 되기 때문에, 인간은 그 기술을 예측하거나 통제하기 어려워질 수도 있다는 생각이에요.

싱귤래리티에 대한 예측은 다양해요.

어떤 과학자들은 2040~2060년 사이에 그런 순간이 올 수 있다고 생각하고, 어떤 사람들은 아직 멀었다고도 해요. 누군가는 AI가 인류의 문제를 해결하는 데 큰 도움이 될 것이라 기대하고, 또 어떤 사람은 통제되지 않는 AI가 오히려 위험할 수 있다고 걱정해요.

하지만 한 가지는 분명해요. 인공지능은 과거부터 지금까지 놀라운 속도로 발전해 왔고, 앞으로도 계속 우리 생활과 사회, 그리고 미래를 바꿔 갈 거예요. 그리고 우리가 배워야 할 것은 단지 AI를 '어떻게 사용하는가'가 아니라, '어떤 목적을 위해, 어떤 마음으로 기술을 대할 것인가'예요.

기술은 시간의 흐름에 따라 끊임없이 변화하고 진화하지만, 그것을 관찰하고 이해하고 책임 있게 사용하는 사람의 태도가 가장 중요하다는 점을 잊지 말아야 해요.

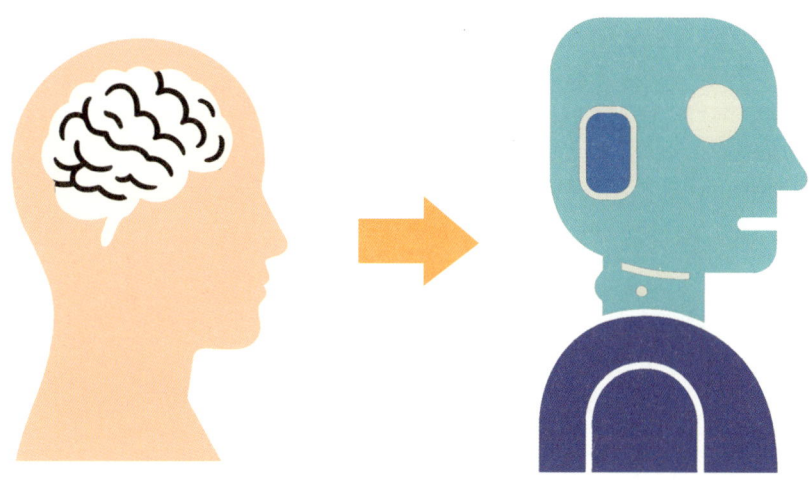

확장 활동

## 과거를 묻고, 미래를 상상해요!

### 1. 세대를 관찰하다 – 기술의 변화 인터뷰와 기록

지금 우리가 쓰는 스마트폰, 인터넷, 내비게이션도 예전엔 없었어요. 그럼 옛날 사람들은 어떻게 연락을 하고, 길을 찾고, 사진을 찍었을까요? 이 활동에서는 가족이나 어르신과 이야기를 나누며, 예전의 기술과 지금의 기술이 어떻게 다른지 알아보고 정리해 보는 탐구 활동이에요.

**준비물**

내가 만든 인터뷰 질문지, 탐구 일지나 활동 노트
(선택) 스마트폰 녹음 기능, 비교표 양식 또는 설명문 쓰기 원고지

❖ **활동 방법**

**1. 인터뷰 대상 정하기**

할아버지, 할머니, 엄마, 아빠 중 한 분을 선택해요.

**2. 질문 만들기**

다음 예시처럼 5~10개의 질문을 스스로 만들어요.

- 어릴 때는 음악을 어떤 기계로 들었나요?
- 사진은 어떻게 찍고 보관했나요?
- 지금과 가장 다르게 느껴졌던 전자제품은 무엇이었나요?

**3. 인터뷰 진행하기**

가족과 약속을 정해서 이야기를 나누고, 들은 내용을 적거나 녹음해요.

**4. 기록 정리하기**

아래 중 한 가지 방법을 선택해요.

- 과거와 현재 기술을 비교하는 도표 만들기
- 기술 변화가 생활에 어떤 영향을 주었는지 설명문으로 정리하기
- 말풍선과 그림을 넣어 이야기책처럼 꾸미기

**5. 결과물 발표하기**

친구들과 활동 내용을 나누거나 발표 시간에 소개해요.

## 2. 시간 여행자 보고서 – 20년 뒤의 삶 상상하기

미래는 아직 오지 않았지만, 우리는 상상할 수 있어요. 이 활동에서는 2045년, 20년 뒤의 세상을 그려 보고, 그때 사람들은 어떤 기술과 함께 살아가고 있을지 글이나 그림으로 표현해 볼 거예요.

### 준비물

미래 상상 노트, 스케치북 또는 만화/글쓰기 템플릿(서식)

현재 기술에 대한 조사 자료(예 인공지능, 스마트 도시, 에너지 등)

### ❖ 활동 방법

**1. 지금의 문제 찾아보기**

- ✓ 이런 질문을 던져 보세요.
  - 요즘 어떤 기술이 불편하다고 느껴져요?
  - 우리 가족이나 사회가 해결하고 싶은 문제는 무엇이 있나요?

**2. 2045년 상상해 보기**

- ✓ 미래의 세상을 설정해요.
  - 연도: 2045년
  - 장소: 미래의 집, 학교, 도시, 교통수단 등

- 등장 기술 예시: AI 선생님, 감정을 읽는 로봇, 우주 택배, 스마트 옷장 등

## 3. 상상한 내용 글이나 그림으로 표현하기

✓ 원하는 방식으로 표현해요.

- 글쓰기: '2045년 하루 일기', '미래 기술 발명 보고서' 등
- 그림/만화: 4컷 만화, 상상 기술 안내서, 광고 포스터 등

## 4. 작품 발표하고 서로 이야기 나누기

- 친구들과 서로의 상상을 나누고 피드백을 주고받아요.
- 전시하거나 포트폴리오에 정리해도 좋아요!

# 6장 내가 발견한 과학 원리

관찰과 인과관계

**중심 개념**
관찰 (Observation)

**관련 개념**
문제 해결(Problem-solving)
실험(Experiment)

**사고 개념**
원인(Causation)
성찰(Reflection)

## 연계 교과

- 과학: 일상에서 일어나는 현상을 관찰하고 실험하여 원인과 결과의 인과관계를 탐구하기
- 국어: 관찰과 실험 내용을 기록문이나 설명문으로 정리하고 발표하며 표현력 기르기

## 탐구 질문

❖ 내가 직접 관찰한 자연현상은 어떤 것이며, 왜 그런 일이 일어났을까요?

❖ 관찰한 내용을 글로 쓸 때, 어떤 순서와 표현을 사용하면 더 정확하고 자세하게 전달할 수 있을까요?

# 교과서 속 연결 이야기

　일상 속 작은 궁금증을 과학적으로 탐구하는 것은 단순히 실험 결과를 아는 것이 아니라, 세상의 원리를 이해하고 문제를 해결하는 힘을 기르는 일이에요.

　**과학** 시간에는 컵에 맺힌 물방울, 햇볕과 그늘의 온도 차이, 젖은 바닥에서의 미끄러움처럼 일상에서 만나는 현상을 관찰하고 실험해요. 이러한 활동을 통해 원인과 결과가 어떻게 연결되는지 탐구하며, 가설을 세우고 실험으로 검증하는 과정을 배우지요.

**국어** 시간에는 관찰과 실험을 통해 알아낸 사실을 기록문이나 설명문으로 정리해요. 글이나 그림, 표로 정리하며 자신이 탐구한 내용을 다른 사람에게 알기 쉽게 전달하는 힘을 기르고, 발표 활동을 통해 생각을 체계적으로 표현하는 능력도 키우게 돼요.

이 장에서는 친구들과 결과를 비교하고 토론하면서 서로의 아이디어를 발전시키고, 관찰과 기록을 생활 속 습관으로 이어갈 수 있도록 해요. 작은 실험과 기록이 모여 큰 배움으로 이어진다는 경험을 통해, 학생들은 스스로 문제를 발견하고 해결하는 힘을 기르게 되지요.

그래서 내가 발견한 과학 원리를 배우는 것은 단순히 실험을 따라 하는 것이 아니라, 세상을 더 깊이 바라보고 질문하며, 일상 속에서 과학을 찾아내는 작은 과학자로 성장하는 일이에요.

# 과학자의 눈을 가진 지민이의 하루

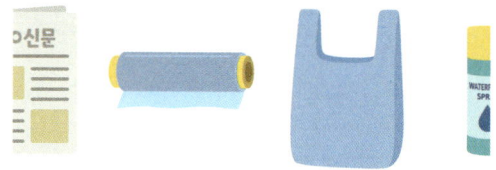

 지민이는 아침 일찍 일어나 베란다 화분에 물을 주었어요. "오늘도 잘 자라라~" 하고 말을 걸며 잔디에 물을 뿌리던 지민이는 문득 궁금해졌어요.
 "이 물은 얼마나 오래 땅에 머물까?"
 지민이는 시계를 보았어요. 아침 8시. 물이 스며드는 모습을 바라보다가, 학교에 갔지요. 그리고 오후 1시쯤 집에 돌아왔을 때,

베란다에 나가 다시 살펴보았어요.

"앗, 땅이 말랐네! 다 증발해버렸나?"

그 순간, 선생님께서 과학 시간에 했던 말이 떠올랐어요.

**"과학자의 첫 번째 습관은 관찰과 기록이란다!"**

지민이는 공책을 꺼내 이렇게 적었어요.

"6월 15일, 아침 8시에 물을 줌. 오후 1시에 확인하니 흙이 말라 있었음. 날씨 맑음. 온도 29도."

기록을 하니, 그냥 눈으로 본 것보다 훨씬 상황이 더 잘 정리된 느낌이 들었어요. 지민이는 또 다른 실험도 해 보고 싶어졌어요.

이번엔 설탕을 투명한 컵에 넣고, 숟가락으로 저었어요.

"1분 후에 설탕이 다 녹고, 물이 조금 뿌옇게 변했네."

지민이는 그 모습도 그림으로 그려서 기록했어요.

"기록은 글로만 하는 게 아니에요. 그림, 표, 그래프, 사진도 다 훌륭한 기록 방법이에요."

선생님 목소리가 또 들려오는 것 같았죠.

다음 날, 지민이는 삶은 달걀을 먹으면서 또 하나의 궁금증이 생겼어요.

"왜 날계란은 말랑한데, 삶으면 단단해질까?"

지민이는 조심스럽게 '과학 실험 일지'를 꺼냈어요. 그리고 다음과 같이 적었어요.

> 과학 실험 일지
>
> 1. 날계란 → 말랑
> 2. 끓는 물에 10분 → 단단
>
> 이유는 무엇일까?

지민이는 이렇게 생각했어요.

'과학은 꼭 실험실에서만 하는 게 아니구나. 내가 궁금해하고, 문제를 찾고, 해결하려는 마음만 있다면, 어디서든 과학자가 될 수 있어!'

비 오는 날 젖은 운동화를 보며, 지민이는 이번엔 이런 실험을 해 봤어요.

"어떤 재료가 신발을 물에 젖지 않게 가장 잘 막아줄까?"

신문지, 랩, 비닐봉지, 방수 스프레이 중 어떤 것이 가장 효과적인지 하나하나 실험해 보기로 했죠. 하루는 랩으로 싸서 학교에 가 보고, 하루는 신문지를 써 봤어요.

결과는? 방수 스프레이가 최고였어요!

이렇게 지민이는 매일매일 관찰하고, 기록하고, 실험하고, 문제를 해결하는 과학자의 습관을 하나씩 익혀 가고 있답니다.

개념 이해

논리학에서 말하는 인과관계란 무엇일까요?

우리는 일상에서 "A 때문에 B가 일어났어."라는 말을 자주 해요.
예를 들어,
- "비가 와서 길이 젖었어."
- "물을 끓였더니 김이 났어."

이처럼 어떤 사건(원인, A)이 일어나고 나서, 그에 따라 다른 사건(결과, B)가 생기는 것을 우리는 인과관계(causation)라고 해요.

논리학에서는 이러한 관계를 "A → B"라는 형식으로 나타내요. "만약 A가 일어나면 B가 일어난다"는 A와 B가 연결된 관계를 뜻해요. 예를 들어, 물을 엎지르면 바닥이 젖는 건 A가 B를 일으키는 원인이지만, 아이스크림을 먹는 날이 더운 건 그냥 같이 일어나는 경우예요. 이처럼 원인(진짜 이유)과 그냥 같이 일어나는 경우를 구분하는 것이 중요해요.

## 인과관계 vs 단순한 연관

예를 들어, "아침에 수탉이 울면 해가 뜬다."

이 말을 보고 "수탉이 울면 해가 뜬다(A → B)"라고 표현할 수 있지만, 실제로는 해가 뜨기 때문에 수탉이 우는 것이에요. 즉, 수탉의 울음은 해 뜨는 것의 원인이 아니라, 단지 같은 시간에 일어나는 현상이에요. 이처럼 두 사건이 같이 일어났다고 해서 항상 인과관계가 있는 것은 아니에요.

논리적인 인과관계를 말하려면, 다음 세 가지 조건이 필요해요.

1. A가 먼저 일어났고(시간적 선행)
2. A가 있을 때 B가 반드시 따라오며(규칙적 발생)
3. A가 없으면 B도 일어나지 말아야 해요(배제 조건)

## 예시로 이해해 보기

예시 1: 물이 끓는다

- A: 물을 가열한다
- B: 물이 끓는다

이 경우, A → B는 인과관계로 볼 수 있어요.

왜냐하면,

- 먼저 물을 가열하고(선행)
- 그 결과로 100도에서 물이 끓고(규칙적 발생)
- 가열하지 않으면 물이 끓지 않기 때문이에요(배제 조건)

예시 2: 아이스크림 판매량과 익사 사고

- 어떤 해변에서 아이스크림 판매량이 늘어나면, 그해 익사 사고도 늘어났다고 해요.

- A: 아이스크림이 많이 팔림
- B: 익사 사고가 늘어남

이 둘 사이에는 연관성은 있지만 직접적인 인과관계는 없어요.

사실은, 더운 날씨(C)라는 제3의 요인이 A와 B를 동시에 만든 거예요.

이럴 때 논리학에서는 상관관계(correlation)는 있지만 인과관계(causation)는 없다고 말해요.

## 과학에서 논리적 사고가 중요한 이유

과학은 단순히 현상을 관찰하는 것을 넘어서, 왜 그런 현상이 일어났는지 설명하고, 예측하며, 문제를 해결하는 학문이에요.

이 과정에서 필요한 것이 바로 논리적 사고(logical thinking)예요.

과학자들은 어떤 실험 결과를 얻으면 그것이 단순한 우연인지, 진짜 원인인지, 다른 조건이 작용한 것인지를 구별해야 해요. 또한, 어떤 가설을 세우고 실험한 후 결과를 바탕으로 논리적으로 추론하고 결론을 도출해야 해요. 이때 논리학에서 배운 인과관계의 원리를 잘 이해하고 있어야 올바른 과학적 판단을 내릴 수 있어요.

'식물은 빛이 있어야 광합성을 한다.'라는 결론을 내리기 위해서는

- 빛이 있을 때 잎의 색이나 산소 발생량이 어떻게 변하는지 실험하고
- 그 결과를 바탕으로 "빛 → 광합성"이라는 인과관계를 논리적으로 증명해야 하죠.

만약 논리적으로 잘못 판단한다면,

- '식물이 초록색이니까 광합성을 한다.'라는 식의 잘못된 인과관계를 만들 수도 있어요.

## 결론

논리학에서 말하는 인과관계(causation)는 단순한 나열이 아니라, 원인과 결과 사이에 시간적 순서와 규칙성, 배타성이 있는 관계예요. 과학에서는 관찰과 실험으로 수많은 현상을 다루지만, 그 현상들이 어떻게 연결되는지, 왜 그렇게 되는지를 이해하고 설명하기 위해서는 항상 논리적인 사고와 인과관계에 대한 정확한 판단이 필요해요. 그래서 과학자는 사실을 단순히 보는 사람이 아니라, 사실을 바탕으로 '왜'와 '그래서'를 추론할 수 있는 논리적인 사고를 하는 사람이기도 해요.

### 개념 확장 1

## 곰팡이에서 발견된 놀라운 약
### - 페니실린 이야기

1928년, 영국의 과학자 알렉산더 플레밍은 병원에서 일하는 연구실에서 특별한 실험을 진행하고 있었어요. 그는 세균이 사람 몸에 어떤 해를 끼치는지 알아보기 위해 여러 종류의 세균을 접시(배양접시)에 키우고 있었죠. 그런데 어느 날, 그의 책상 위에 있던 실험 접시 하나에서 이상한 모습을 발견하게 되었어요. 그 접시에는 세균이 가득 자라고 있어야 했지만, 접시의 한쪽 구석에 우연히 날아와 자란 푸른곰팡이 주위에는 세균이 자라지 않고 텅 비어 있었던 거예요. 플레밍은 그냥 지나칠 수도 있었지만, 이 작은 이상 현상을 그냥 넘기지 않고 주의 깊게 관찰했어요. 그는 "왜 곰팡이 주변에만 세균이 죽었을까?"라는 과학적인 질문을 던졌고, 여러 번의 실험을 통해 그 곰팡이가 세균의 성장을 막는 물질을 만들어 내고 있다는 사실을 밝혀냈어요. 이 곰팡이는 '페니실륨(Penicillium)'이라는 이름을 가지고 있었고, 그가 발견한 물질은 '페니실린(Penicillin)'이라는 이름이 붙여졌어요.

==페니실린은 세균 감염을 치료하는 최초의 항생제==가 되었고, 수많은 생명을 살리는 데 결정적인 역할을 했어요. 이전까지는 세균에 감염되면 특별한 치료법이 없어서 많은 사람이 고통받거나 생명을 잃었지만, 플레밍의 발견 이후 의학은 새로운 길을 걷게 되었어요. 오늘날 우리가 감기나 염증에 걸렸을 때 먹는 항생제의 시작이 바로 이 '작은 곰팡이'의 관찰에서 비롯된 것이에요.

이 이야기는 단지 실험 기술이 뛰어나서 이루어진 발견이 아니었어요. 오히려 우연히 마주친 현상을 무심히 넘기지 않고, "왜 그런 일이 일어났을까?"라는 질문을 품고 끝까지 관찰하고 실험한 태도가 있었기 때문에 가능한 일이었어요.

## 개념 확장 2

## 하늘을 올려다본 작은 의문
### - 갈릴레오와 목성의 위성

400년 전, 사람들은 모두 지구가 우주의 중심이라고 믿고 있었어요. 태양과 별, 달과 행성들이 지구를 중심으로 돌고 있다고 생각했죠. 하지만 이 오래된 생각에 의문을 던진 사람이 있었어요. 그는 바로 이탈리아의 과학자 갈릴레오 갈릴레이였어요.

갈릴레오는 밤하늘을 더 자세히 보기 위해 자신이 직접 만든 망원경으로 천체를 관찰하기 시작했어요. 1609년, 그는 망원경을 하늘로 향해 목성을 바라보다가, 목성 옆에 있던 작은 별 같은 점들이 계속 위치를 바꾸는 모습을 발견했어요. 그는 여러 날 동안 이 점들을 매일 기록하며 자세히 관찰했어요. 그러자 그 점들이 목성을 중심으로 돌고 있다는 사실이 점점 분명해졌어요.

이것은 매우 중요한 발견이었어요. 왜냐하면 이 작은 '별'들은 사실 목성의 위성, 즉 달처럼 행성을 도는 천체였기 때문이에요. 갈릴레오는 이 네 개의 위성에 이름을 붙였고, 지금도 그 위성들은 '갈릴레이 위성'이라고 불려요.

갈릴레오의 이 발견은 당시로써는 매우 충격적인 사실이었어요. 하늘에 있는 모든 천체가 지구를 도는 것이 아니라, 어떤 천체는 지구가 아닌 다른 행성 주위를 돌고 있다는 것을 관찰을 통해 증명했기 때문이에요. 이것은 '지구 중심 우주관'을 흔들고, 태양 중심의 우주관, 즉 지금 우리가 배우는 '태양계 모델'을 뒷받침하는 결정적인 증거가 되었어요.

갈릴레오의 위대한 점은 단지 망원경을 만든 기술이 아니라, 관찰한 것을 정확히 기록하고, 기존의 믿음을 의심하고, 보이는 현상에 과학적인 질문을 던졌다는 태도였어요. 그의 관찰은 단지 목성과 위성의 관계를 밝힌 것이 아니라, 과학이 세상을 바라보는 방식 자체를 바꾸는 계기가 되었어요.

이처럼 과학의 역사에서 중요한 변화는 새로운 기계를 만든 사람보다, 그것으로 '어떻게 관찰할지'를 고민한 사람에게서 시작되는 경우가 많아요. 갈릴레오처럼 우리도 작은 의문을 소중히 여기고, 자세히 바라보고, 기록하고, 생각하는 습관을 들인다면, 일상 속에서도 과학을 발견할 수 있어요.

갈릴레오가 발견하기전까지 사람들은 모든 행성은 지구를 중심으로 돌고 있다고 믿었어.

## 확장 활동

### 일상 속 과학의 비밀을 밝혀라!

**1. 내 방에서 과학 찾기 - 일상 속 과학 기자 되기!**

우리가 매일 지내는 집 안, 교실, 놀이터 속에도 과학이 숨어 있어요! 욕실 바닥이 왜 미끄러운지, 유리창에 김이 서리는 이유는 무엇인지 궁금했던 적 있나요? 이 활동에서는 집이나 학교 주변에서 재미있는 과학 현상을 찾아 그 이유를 생각하고, 간단한 실험으로 직접 알아보는 멋진 과학자 놀이를 해 볼 거예요!

**준비물**

관찰 노트 또는 탐구 일지, 펜 또는 색연필, 실험 재료(비누, 컵, 물, 온도계 등은 선택), 글쓰기 용지 또는 설명문 양식

❖ **활동 방법**

**1. 관찰 대상 찾기**

집, 학교, 놀이터 등에서 신기한 일 1~2가지를 찾아요.

(예 욕실 바닥에서 미끄러진 이유, 햇빛 받은 책상이 뜨거운 이유)

**2. 가설 세우기**

"왜 이런 일이 일어났을까?" 스스로 이유를 생각해요.

(예 비누는 물과 만나면 미끄러워져요 → 마찰력이 줄어들기 때문!)

**3. 미니 실험 해 보기**

마른 손과 젖은 손에 비누를 올려 어떤 차이가 있는지 실험해요.

**4. 설명문 쓰기**

관찰한 내용을 도입-설명-마무리 형식으로 정리해요.

(예 "왜 비누는 미끄러울까?")

**5. 친구들과 나누기**

발표 시간에 내가 찾은 과학 현상과 실험을 소개해요.

## 2. 텀블러가 안 열려요! – 원인과 결과를 찾는 실험

지민이는 아침에 따뜻한 물을 담은 텀블러를 학교에 가져왔어요. 점심시간이 되었는데, 뚜껑이 너무 꽉 닫혀서 도저히 열 수가 없었어요! "왜 이런 일이 생겼을까?" 궁금한 지민이는 과학 탐구를 시작했어요. 이 활동에서는 이런 일상 속 문제 상황을 과학적으로 관찰하고, 원인과 결과를 생각해 보며 직접 실험해 보는 활동이에요.

**준비물**

뚜껑 있는 작은 텀블러 2개, 따뜻한 물, 찬물, 온도계(선택) 기록지 또는 탐구 노트

### ❖ 활동 방법

**1. 문제 관찰하기**

따뜻한 물을 넣은 텀블러는 시간이 지나면 왜 열기 어려워질까요?

**2. 가설 세우기**

'따뜻한 물을 넣고 뚜껑을 닫은 텀블러는 시간이 지남에 따라 내부 압력이 낮아져서 뚜껑을 열기 어려워질 것이다.'

**3. 비교 실험하기**

- 실험 A: 따뜻한 물을 넣고 2시간 후 열어 보기
- 실험 B: 찬물을 넣고 같은 방법으로 열어 보기
- 어떤 것이 더 잘 열릴까요?

### 4. 관찰하고 기록하기

온도 변화, 뚜껑이 잘 열렸는지, 손으로 느낀 느낌을 메모해 보아요.

### 5. 결과 정리하기

따뜻한 물(실험 A)에서는 용기 안의 공기나 물이 뜨거워져서 압력이 세지고, 뚜껑이 살짝 커져서 더 단단히 붙어요. 그래서 뚜껑이 잘 안 열려요! 찬물(실험 B)에서는 압력이 약해지고 뚜껑이 조금 작아져서 쉽게 열려요. 이건 열과 압력 때문이랍니다!

### ❖ 응용 활동

"이런 일이 또 있었지!" 하는 경험을 떠올려 보고 실험을 설계해 보세요.

> 예
> - 비 오는 날 유리창에 김이 생기는 이유는?
> - 아이스크림 통 뚜껑이 안 열릴 때는 왜 그럴까?

# 7장 표현하는 과학자

기능과 전달

**중심 개념**
표현
(Expression)

**관련 개념**
전달
(Presentation)

**사고 개념**
기능(Function)
형태(Form)

## 연계 교과

- **과학**: 세포·인체 구조와 생명 현상, 자연의 원리를 탐구하고 글·그림·모형으로 표현하며 과학적 의사소통 능력 기르기
- **국어**: 실험과 관찰 결과를 설명문·기록문·발표문으로 정리하고 발표하며 과학적 내용을 체계적으로 전달하기
- **미술**: 세포·생태계·자연현상 등을 다양한 재료와 조형 요소로 시각화하고 과학과 예술을 융합하여 표현하기

## 탐구 질문

❖ 과학자는 관찰한 내용을 어떤 방법으로 표현할까요?

❖ 내가 관찰한 자연현상을 그림이나 글로 표현할 수 있을까요?

❖ 같은 현상을 보고도 사람들이 다르게 표현하는 이유는 무엇일까요?

## 교과서 속 연결 이야기

　과학 개념을 표현하는 것은 단순히 지식을 아는 것이 아니라, 생명과 자연의 원리를 탐구하고 이를 다양한 방식으로 나누는 힘을 기르는 일이에요.

　**과학** 시간에는 세포와 인체의 구조, 소화·순환·호흡 같은 생명 현상, 그리고 생물이 환경과 상호작용하며 살아가는 모습을 관찰하고 기록해요. 빛과 그림자, 전기와 소리 같은 물리 현상도 실험과 탐구를 통해 원리를 이해하지요. 이렇게 탐구한 내용을 글이나 그림, 표, 모형으로 표현하며, 과학적 사실을 알기 쉽게 전달하는 의사소통 능력을 키워요.

**국어** 시간에는 실험이나 관찰 활동을 설명문, 기록문, 발표문으로 정리하며 과학적 개념을 구조적으로 전달하는 힘을 길러요. 또 친구들과 발표와 토론을 통해 서로의 생각을 보완하면서, 과학 내용을 사회적 맥락 속에서 공유하는 경험을 하게 돼요.

**미술** 시간에는 세포 구조나 생태계 모식도, 인체 기관의 기능, 자연현상의 변화를 다양한 재료와 조형 요소로 시각화해요. 다양한 기법, 재료, 매체를 통해 과학 개념을 창의적으로 시각 자료로 만들면서, 과학과 예술을 융합하는 표현 방법을 탐구하지요.

그래서 표현하는 과학자가 된다는 것은 단순히 실험 결과를 아는 것이 아니라, 생명과 자연을 깊이 탐구하고 그 의미를 글과 그림, 말로 나누며, 세상을 더 깊이 이해하는 힘을 기르는 일이에요.

# 수연이의 과학 그림일기
## '생각하는 과학자에서, 표현하는 과학자로!'

수연이는 그림 그리기를 좋아하는 아이예요. 하지만 과학 시간엔 조금 자신이 없어요. 실험도 어렵고, 결과를 글로 정리하는 것이 복잡하게 느껴졌거든요.

그런데 어느 날, 선생님이 이렇게 말씀하셨어요.

"과학자는 실험만 잘하는 사람이 아니에요. 자신이 발견한 사실을 쉽게 설명하고 재미있게 표현하는 사람이 진짜 과학자랍니다!"

그 말을 들은 수연이는 깜짝 놀랐어요.

"헉! 과학도… 그림이나 말로 표현할 수 있다고요?"

그날부터 수연이는 달라졌어요.

빛에 대해 배운 날엔 집에 와서 그림자 실험을 만화로 그려 봤어요.

첫 장에는 손전등을 든 수연이가 있고, 두 번째 장엔 손으로 만든 토끼 그림자가 벽에 딱!

말풍선에는 이렇게 썼어요.

"빛은 직진한다!"

"빛을 막으면 그림자가 생긴다!"

며칠 뒤, 수업 시간엔 친구들과 함께 정전기 연극을 했어요.

풍선이 머리카락을 끌어당기자 친구들이 머리를 들썩이며 웃음을 참았죠.

수연이는 그 장면을 포스터로 만들어 정리했어요.

"정전기란 무엇일까요?"

"왜 풍선에 문질렀더니 머리카락이 올라갔을까요?"

선생님은 아이들을 바라보며 말씀하셨어요.

"수연이처럼 쉽게 말하고, 다른 사람들과 함께 재미있게 과학을 탐구하는 사람이 되어야 해요. 과학은 혼자 아는 것이 아니라, 나누고 설명하는 힘이 중요하답니다!"

그 후로 수연이는 과학이 점점 재미있어졌어요.

'공기는 어떻게 눈에 안 보이게 움직일까?'

'소리는 어떻게 벽을 뚫고 들릴까?'

궁금한 것이 생기면 그림일기처럼 표현하고, 친구들 앞에서 직접 실험을 설명하거나 이야기로 꾸며서 발표했어요.

수연이 반에서는 과학 연극도 했어요. '물의 입자 3형제' 연극에서는 고체, 액체, 기체 역할을 나눠서 움직임으로 표현하고, 전기회로 수업 시간에는 '에너지 탐험대'라는 이야기로 전구가 켜지는 과정을 연기했죠!

그때 수연이는 느꼈어요.

**'아, 과학은 단순한 정보가 아니라 이야기구나!'**

친구들과 함께 움직이고 말하면서 배운 과학은 훨씬 더 기억에 남았어요.

과학을 배우는 이유는 단지 '시험'을 잘 보기 위해서가 아니에요. 세상을 더 잘 이해하고, 더 나은 삶을 만들기 위해서예요.

하지만 혼자 아는 것으로 끝나면 소용이 없어요. 내가 아는 것을 친구들과 나누고, 그림으로 그려 보고, 글로 써 보고, 말로 설명해 보고, 몸으로 연기해 보는 것이 진짜 과학이에요! 그렇게 **표현하는 순간, 지식은 이야기로 바뀌고, 내 생각은 다른 사람의 마음에도 닿게 돼요.**

개념 이해

## 왜 과학을 글로 써야 할까요?
- 과학 저널리즘과 헨리에타 랙스의 이야기

바이러스가 퍼지는 것을 막고, 백신을 만들고, 지구 온난화를 해결하고, 인공지능을 생활에 쓰는 것처럼, 과학은 우리의 건강과 삶, 그리고 사회 전체에 큰 영향을 줘요. 그래서 요즘은 과학을 과학자들만 아는 것이 아니라, 우리가 모두 알아야 해요.

보통 시민들도 과학을 이해하고, 질문하며, 때로는 비판하면서 올바른 선택을 할 수 있어야 하거든요. 이렇게 과학과 사람들을 이어

주는 역할을 하는 것이 바로 ==과학 저널리즘==이에요.

과학 저널리즘은 단순히 실험 결과나 연구 성과만 소개하지 않아요. 그 뒤에 숨어 있는 이야기, 과학이 사회와 어떤 관계가 있는지, 그것이 윤리적으로 옳은지까지 함께 생각해 보게 해요. 과학 저널리스트는 어려운 과학 내용을 쉽게 풀어서 설명하는 통역사 같은 사람이면서, 과학의 책임을 함께 고민하는 감시자 역할도 해요.

예를 들어, 이런 질문들을 던져요.

"이 기술은 누구를 위한 걸까요?"

"이 실험은 사람들에게 해가 되지는 않을까요?"

"과학이 우리에게 큰 힘을 준다면, 그 힘은 어떻게 써야 할까?"

이런 질문들이 모이면, 과학이 우리 삶에서 어떤 역할을 해야 하는지 생각하게 해 줘요. 이런 과학 저널리즘이 얼마나 중요한지는 실제 이야기를 보면 더 잘 알 수 있어요.

## 헨리에타 랙스의 세포 이야기

『헨리에타 랙스의 불멸의 삶』이라는 책은 이런 과학 저널리즘의 대표적인 예랍니다. 이 책은 헨리에타 랙스라는 한 여성의 진짜 이야기를 담고 있어요.

1951년, 헨리에타는 미국의 한 병원에서 자궁경부암이라는 병을 치료받고 있었어요. 당시 환자 동의 없이 세포를 채취하는 것이 흔했던 시절이라 그녀도 모르게 의료진이 헨리에타의 암 세포를 채취해서 연구에 사용했어요. 당시에는 흑인과 백인이 따로 치료받을 만큼, 인종 차별이 심한 시대였어요. 헨리에타는 다섯 아이의 엄마이자 가난한 흑인 노동자였어요.

놀랍게도, 그녀의 세포는 실험실에서 죽지 않고 계속 살아남았어요! 대부분의 세포는 며칠 안에 죽지만, 헨리에타의 세포는 계속 자랐어요. 과학자들은 이 세포를 헬라(HeLa) 세포라고 불렀고, 백신 개발, 암 연구, 유전자 실험 등 수많은 중요한 과학 연구에 사용되었어요. 그리고 세계 여러 나라 연구소에도 퍼졌지요.

하지만 헨리에타와 그녀의 가족은 이런 사실을 전혀 몰랐어요. 그녀는 세상을 떠났고, 가족들은 계속 가난하게 살았어요. 딸인 데보라도 '엄마가 어떻게 과학의 일부가 되었는지' 알지 못했어요. 실험실에서도 헨리에타의 이름은 '헬렌 레인' 같은 가명으로만 알려졌어요.

## 한 사람의 이름을 다시 알리는 과학 이야기

『헨리에타 랙스의 불멸의 삶』을 쓴 작가 레베카 스클루트는 헨리에타의 이야기를 오랫동안 조사했어요. 그녀는 헨리에타의 가족, 의사, 과학자들을 만나 이야기를 들었고, 그 과정에서 과학이 어떤 사람들의 삶을 무시하거나 잊어버릴 수 있다는 점과, 과학이 반드시 책임져야 할 부분이 무엇인지 묻는 이야기를 썼어요.

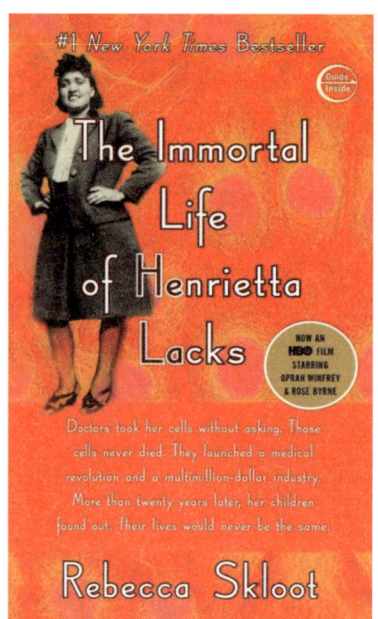

이 책은 단순히 과학 연구 결과만 알려 주는 것이 아니에요. 오히려 "누가 과학을 발전시켰고, 그로 인해 누가 희생했는지?"를 묻는 질문을 던져요. 과학이 가진 힘을 어떻게 사용해야 하고, 어떤 책임을 져야 하는지 생각하게 해 주는 책이에요.

### 과학 저널리즘은 어떤 글쓰기일까요?

이 책은 과학 저널리즘이 얼마나 깊이 있고 중요한 글쓰기인지 보여 줘요. 과학 저널리즘은 단순히 정보를 전하는 것이 아니라, 마음을 나누고, 책임을 생각하고, 스스로 돌아보게 하는 글쓰기예요. 과학이 사회에서 어떤 자리에 있어야 하는지, 누구를 위한 과학인지, 그리고 우리가 놓치고 있는 것은 무엇인지 함께 생각하게 해 줘요. 헨리에타의 세포, 그리고 그 뒤에 숨겨졌던 이름과 삶. 과학 저널리즘은 그런 잊힌 이야기와 목소리를 찾아서 사람들에게 전하는 일이에요. 그리고 그것이야말로 오늘날 우리가 과학을 읽고 쓰는 가장 중요한 이유일 거예요.

개념 확장

## 예술과 과학을 하나로 표현한 사람
### - 레오나르도 다 빈치

레오나르도 다 빈치(1452~1519)는 르네상스 시대를 대표하는 예술가로 잘 알려져 있어요. 하지만 그는 단지 그림을 잘 그리는 사람이 아니라 과학자이자 발명가, 해부학자, 물리학자이기도 했어요. 레오나르도는 '관찰하고, 탐구하고, 표현하는 것'을 삶에서 가장 중요한 일이라고 생각했어요. 그래서 눈으로 본 것과 머릿속에서 떠오른 생각들을 그림과 설계도, 메모로 남겼지요. 그는 단순히 생각만 하는 과학자가 아니라, 직접 보고 느낀 것을 표현하고 기록했던 과학자였어요.

## 스케치와 노트 – 예술과 과학의 만남

레오나르도는 아이디어가 떠오르면 그냥 기억하지 않고, 꼭 글이나 그림으로 남겼어요. 실제로 관찰한 것, 상상한 기계, 실험하려는 계획, 해부한 결과 등을 모두 기록했지요. 그가 남긴 노트는 약 12권, 7,000쪽이나 되며, 그중 대표적인 노트가 「코덱스 아틀란티쿠스」와 「코덱스 아룬델」이에요.

이 노트에는 헬리콥터, 잠수함, 자명종 같은 기계의 설계도도 있고, 나뭇잎이 자라는 방향, 소용돌이치는 물의 움직임, 아기의 모습 같은 자연을 관찰한 내용도 담겨 있어요. 레오나르도가 그린 그림 중 〈암굴의 성모〉를 보면, 배경에 있는 바위 모양이나 등장인물의 몸 자세, 빛이 반사되는 방향까지 아주 세밀하게 계산된 것을 알 수 있어요.

최근 과학자들이 이 그림을 엑스레이나 적외선 촬영, 스캔 기술로 조사해 보았더니, 레오나르도가 밑그림을 여러 번 고치며 더 정확한 구조를 찾으려 했다는 사실이 밝혀졌어요. 그의 그림은 단순한 예술이 아니라 탐구의 결과를 담아낸 과학적인 표현이었어요.

## 해부학 – 몸의 구조를 그림으로 이해한 사람

레오나르도는 사람의 몸이 어떻게 생겼는지 아주 많이 궁금해했어요. 그래서 병원과 의과대학에서 실제 사람을 해부하면서, 근육과 신경, 혈관, 뼈, 장기 같은 몸의 구조를 자세히 관찰하고 그림으로 남겼어요. 그의 해부 그림은 지금도 의학적으로 아주 정확하다고 평가받고 있어요.

그가 그린 두개골의 단면, 심장의 구조, 척추의 굽은 모양, 손가락의 움직임, 태아가 엄마 배 속에 있는 모습 등은 단지 모양만 보여주는 것이 아니라 몸이 어떻게 움직이고 어떤 역할을 하는지까지 자세히 표현되어 있어요. 그는 몸의 구조를 단순히 그리는 데 그치지 않고, 그 안에 담긴 원리까지 탐구한 진짜 과학자였어요.

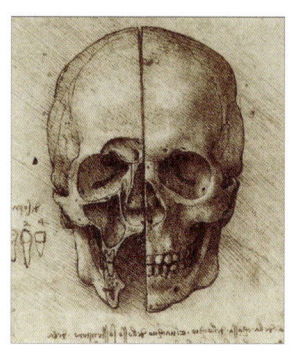
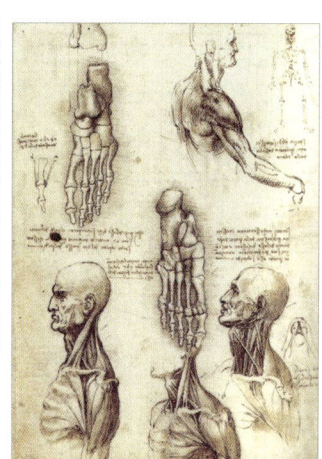
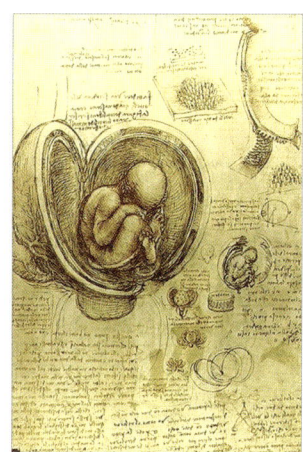

## 기계공학과 발명 – 상상을 설계로 바꾼 그림

레오나르도의 노트에는 그가 상상한 많은 기계의 설계도가 담겨 있어요. 그는 공기를 아래로 눌러 날아가는 헬리콥터를 생각했고, 천 조각을 펼쳐 천천히 떨어지는 낙하산도 설계했어요. 바닷속을 탐험하는 잠수함, 땅을 파는 굴착기, 스스로 울리는 자명종, 대포가 달린 탱크와 전차 같은 것들도 상상하고 설계했어요.

그가 만든 탱크는 둥근 껍질 안에 여러 개의 대포를 넣고, 사람들이 안에서 손으로 바퀴를 돌려 움직이게 만든 구조였어요. 지금 우리가 보는 전차와 비슷한 모습이었지요.

이뿐 아니라, 실제로 작동할 수 있는 기계들도 있었어요. 예를 들어, 발에 얼음물을 붓는 기계식 자명종, 병을 여는 도구, 땅을 파는 기계, 바람의 방향을 재는 기구 등도 레오나르도의 아이디어에서 나왔어요. 이 기계들은 단순한 상상이 아니라, 어떻게 만들고 작동하는지까지 자세히 그려 놓은 진짜 설계도였어요.

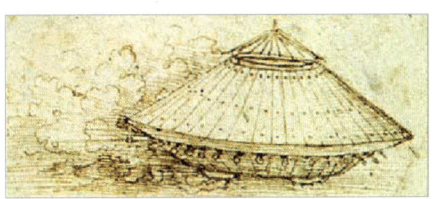 

## 자연과학과 물리학 – 자연의 움직임을 관찰하고 표현하다

레오나르도 다 빈치는 사람이나 물건뿐 아니라, 자연현상 전체를 관심 있게 바라보았어요. 물이 흐르는 모습, 소용돌이, 파도, 구름, 우박 같은 것들을 오래도록 지켜보고, 그것들을 직접 스케치로 남겼지요. 그의 이런 기록은 지금의 물리학과 기상학 같은 과학 분야로 이어졌어요.

특히 중력에 대한 관찰은 매우 놀라워요. 그는 항아리에서 구슬이 떨어지는 모습을 여러 번 실험하며, 구슬이 지나간 길이 마치 삼각형 모양이 된다는 사실을 알아냈어요. 이 장면은 그가 남긴 노트 「코덱스 아룬델」에 그림으로 남아 있어요.

이것은 항아리가 단순히 움직이는 것이 아니라, 점점 빨라지는 가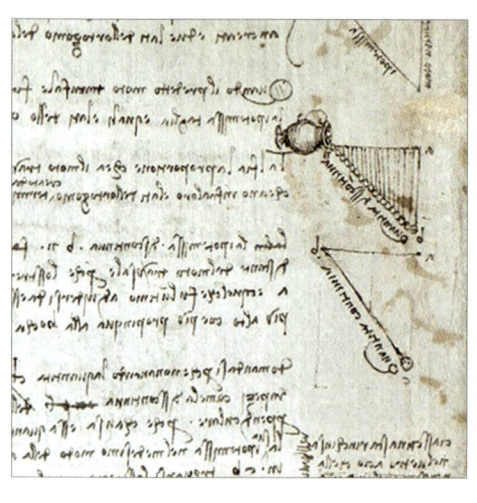속운동을 해야만 구슬이 그런 움직임의 모양을 그린다는 것을 알았다는 뜻이에요. 이 사실은 갈릴레오보다 무려 100년이나 앞서 밝혀낸 것이고, 그가 관찰한 가속운동의 모습은 오늘날 우리가 아는 중력의 원리와 매우 비슷했답니다.

## 레오나르도 다 빈치의 유산 – 생각을 표현하는 힘

레오나르도 다 빈치가 우리에게 알려 주는 가장 큰 가르침은 관찰한 것을 표현하고, 그것을 다른 사람과 나누려는 태도예요. 그는 예술, 과학, 기술을 한데 모아서, 단지 지식을 아는 것에 그치지 않고 그것을 어떻게 설명하고 전달할 수 있는지를 보여 주었어요.

그가 남긴 그림과 노트는 단순한 미술 작품이 아니라 과학을 설명하는 언어였고, 실험 결과를 표현한 기록이었으며, 새로운 아이디어를 다른 사람에게 전달하는 창의적인 방법이었어요. IB 교육에서도 말하듯이, ==과학은 단순히 이해하는 것을 넘어서 표현하고 나누어야 한다고 해요.== 레오나르도는 그 생각을 실제로 실천한 멋진 사람이었어요.

## 확장 활동

### 과학 개념을 내가 설명해요!

**1. 나만의 과학 포스터 – "내가 설명하는 과학 개념!"**

과학자들은 자신이 발견한 원리를 말로만 설명하지 않아요. 그림과 글로 한눈에 보이게 설명하는 것도 아주 중요한 능력이에요! 이 활동에서는 내가 직접 관찰하거나 배운 과학 개념 하나를 고르고, 그 내용을 포스터로 만들어 친구들과 나누어 볼 거예요.

**준비물**

A3 포스터 용지 또는 도화지, 색연필, 사인펜 등 꾸미기 도구, 정리할 과학 개념에 대한 학습 노트나 관찰 기록

❖ **활동 방법**

**1. 과학 개념 고르기**

마찰력, 빛, 소리, 물의 상태 변화 등 내가 관심 있는 주제를 골라요.

**2. 내용 정리하기**

- 그 개념과 관련된 실생활 예시나 실험 경험을 떠올려요.
- 왜 그런 현상이 일어나는지 간단한 과학 원리를 정리해요.

**3. 포스터 만들기**

아래 내용을 포함해서 구성해요.

- 개념 이름
- 관련 상황 그림(예 운동장, 얼음판, 비 오는 날 창문 등)
- 원리나 기능 설명
- 내가 발견한 특징이나 느낀 점

**4. 전시하고 감상하기**

- 친구들과 함께 전시회를 열어요.
- 서로의 포스터를 감상하고, '설명이 잘 된 포스터'를 투표해 보아요!

❖ **응용 활동**
- 과학관처럼 '우리 반 과학 전시회'를 열어 보세요.
- 포스터를 디지털 파일로 만들어 발표 영상에 활용할 수 있어요.

## 2. 과학 개념 자기소개 – "나는 ○○입니다!"

이번에는 과학 개념이 사람이 되어 자기소개를 한다고 상상해 보아요! 이 활동에서는 과학 개념 하나를 골라서 '나는 ○○입니다'라는 제목으로 설명문을 써 보는 활동이에요.

예를 들어, '나는 마찰력입니다'라고 시작할 수 있어요. "나는 미끄러움을 막아 주는 힘이에요. 내가 없으면 차도 멈출 수 없고, 달리기도 할 수 없지요. 얼음 위에서는 내가 작아서 사람들이 쉽게 넘어지기도 해요!"

**준비물**

노트나 원고지, 수업 중 배운 개념 정리 자료
나만의 실험 경험, 관찰 일지 등

❖ **활동 방법**

### 1. 개념 정하기

내가 재미있게 배운 과학 개념 하나를 골라요.

(예) 빛, 열, 공기, 마찰력, 증발, 압력 등)

### 2. 글쓰기

아래 순서대로 써요.

- 첫 문장: '나는 ○○입니다.'
- 내가 어떤 특징을 가졌는지
- 어디에 쓰이는지
- 내가 없으면 어떤 일이 벌어지는지
- 친구들에게 꼭 알려 주고 싶은 과학 정보

### 3. 조별 발표

- 각자 쓴 글을 조별로 돌아가며 읽어요.
- 가장 재미있고 인상 깊은 자기소개를 함께 뽑아요.

❖ **응용 활동**

- 친구의 글을 듣고 그 개념을 그림으로 표현해 보세요.
- 자기소개 글로 과학 연극 대본으로 만들어도 좋아요.

# 8장 세상을 바꾸는 아이디어

문제 해결과 창의성

### 중심 개념
아이디어
(Idea)

### 관련 개념
문제 해결(Problem Solving)
발명(Invention)
창의성(Creativity)

### 사고 개념
변화
(Change)

## 연계 교과

- 실과: 생활 속 불편을 관찰하고 발명 과정을 통해 문제 해결하기
- 도덕: 아이디어에 사회적 책임을 담아 다른 사람을 배려하는 마음 기르기
- 창의적 체험활동: 자율·동아리 활동에서 팀을 이루어 아이디어를 탐구하고 다양한 방식으로 표현하기

## 탐구 질문

❖ 우리 생활에서 불편하거나 불필요한 점은 무엇이고, 어떻게 해결할 수 있을까요?

❖ 내가 관심 있는 것을 창의적으로 표현하려면 어떤 방법이 있을까요?

**교과서 속**  **연결 이야기**

　세상을 바꾸는 아이디어를 배우는 것은 단순히 발명품을 만드는 것이 아니라, 생활 속 불편을 발견하고 그것을 창의적인 해결책으로 바꾸는 힘을 기르는 일이에요.

　**실과** 시간에는 생활 속 문제를 관찰하고 이를 해결하기 위한 아이디어를 발명으로 발전시키는 과정을 배워요. 문제를 탐구하고, 계획을 세우고, 시제품을 만들고, 다시 고쳐보는 과정을 통해 작은 발명가가 되는 경험을 하지요.

**도덕** 시간에는 아이디어가 단순히 나의 편리함만을 위한 것이 아니라, 다른 사람과 함께 살아가는 사회적 책임을 담아야 한다는 것을 배워요. 친구와 이웃을 배려하는 마음, 약자를 돕는 아이디어를 구상하며 공동체적 가치와 실천을 생각하게 되지요.

**창의적 체험활동** 시간에는 자율 활동이나 동아리 활동을 통해 자유롭게 문제를 탐구하고, 팀별로 아이디어를 발전시키는 경험을 해요. 포스터, 설계도, 모형 만들기 등 다양한 방법으로 아이디어를 표현하면서 협업과 창의성을 키우게 되지요.

그래서 세상을 바꾸는 아이디어를 배우는 것은 단순히 '새로운 물건'을 만드는 일이 아니라, 문제를 바라보는 새로운 눈을 기르고, 사회를 더 나은 곳으로 변화시키는 책임과 상상력을 키우는 일이에요.

# 지유의 불편함 탐정 일기
## '세상을 바꾼 작은 질문'

지유는 평소에 "왜?"라는 질문이 많은 아이예요.

학교에 도착한 지유는 친구 현우가 휠체어를 타고 엘리베이터까지 먼 길을 돌아가는 모습을 보고 속으로 생각했어요.

"왜 엘리베이터는 이렇게 멀리 있을까?"

"가까운 곳에 하나 더 있으면 좋을 텐데…"

그날 저녁, 지유는 엄마에게 물었어요.

"엄마, 휠체어를 타는 친구들이 더 쉽게 다닐 수 있게 도와주는 아이디어를 만들 수 있을까요?"

엄마는 미소 지으며 대답했어요.

**"그것이 바로 세상을 바꾸는 발명이 되는 거야. 대부분의 발명은 누군가가 불편함을 느꼈기 때문에 시작된 거래."**

그날 이후 지유는 자신만의 '불편함 탐정 노트'를 만들었어요.

엘리베이터의 위치뿐 아니라, 교실 문이 너무 무거운 것, 물통이 자꾸 새는 점, 그리고 친구들이 점심시간에 줄을 너무 오래 서야 하는 점까지 적어 두었죠.

1. 문제를 관찰하기

   지유는 현우의 등굣길을 따라가며 어떤 점이 불편한지 살폈어요.

2. 조사하기

   인터넷으로 다른 학교들은 어떻게 휠체어 이동을 돕는지 찾아봤어요.

3. 계획 세우기

   엘리베이터가 없는 곳에는 자동 경사로를 설치하고, 무거운 문은 센서로 열리게 하는 아이디어를 그렸어요.

4. 모형 만들기

   블록과 종이로 학교 모형을 만들고, 경사로를 붙였어요.

5. 고쳐 보기

   친구들의 의견을 듣고, 입구 위치를 바꾸고, 작동 방법을 더 쉽게 바꾸어요.

지유의 작은 아이디어는 점점 더 멋진 '디자인'으로 바뀌었어요.

선생님은 말씀하셨어요.

"좋은 아이디어는 특별한 사람만 떠올리는 게 아니에요. 불편을 느끼고, 관심을 두고, 바꾸고 싶다는 마음이 시작이에요."

지유는 이제 생각해요.

'아이디어는 그냥 번쩍 떠오르는 게 아니라, 세상을 자세히 보고, 불편을 느끼고, 나만의 방식으로 바꾸는 거야.'

그날 이후 지유는 매일 일기장 첫 줄에 이렇게 적어요.

"오늘은 무엇이 불편했지? 어떻게 멋지게 고쳐 보고 싶었지?"

그리고 그 질문 하나가, 누군가의 내일을 바꾸는 시작이 될지도 몰라요.

**개념 이해**

## 창의성(Creativity)이란 무엇일까요?

세상을 바꾸는 좋은 아이디어는 꼭 천재만이 떠올리는 것이 아니에요. 오히려 문제를 새롭게 바라보는 눈과 익숙한 것들을 다르게 조합해 보는 생각, 그리고 자주 해 본 실험과 관찰에서 나오는 경우가 많아요.

### 걷기만 해도 창의적인 생각이 떠오를 수 있어요!

스탠퍼드 대학교에서는 재미있는 실험을 했어요. 앉아서 생각한 사람들과 걸으면서 생각한 사람들에게 "종이컵을 컵 말고 어떤 용도로 쓸 수 있을까?" 같은 문제를 냈어요. 그랬더니 걷던 사람들이 앉아 있던 사람들보다 훨씬 더 많은 아이디어를 냈어요.

예를 들어, 어떤 사람은 종이컵을 연필꽂이, 미니 화분, 작은 드럼으로 쓰는 아이디어를 냈어요.

몸을 움직이면 생각도 같이 움직이는 거예요. 그러니까 머리만 쓰려고 하기보다 산책하면서 아이디어를 떠올리는 것도 좋은 방법이에요!

### 이상한 세상을 경험하면 생각이 더 유연해져요!

또 어떤 실험에서는 사람들이 가상현실에서 신기한 세상을 체험해 보았어요. 예를 들어, 물건이 위로 떨어지거나 가까이 올수록 작아지는 이상한 세계를 경험하는 실험은 새로운 환경이 창의력을 키운다는 연구에서 비롯되었어요. 그런 이상한 경험을 한 사람들은 평범한 세상을 체험한 사람들보다 훨씬 창의적으로 문제를 해결했어요.

이건 우리가 낯선 경험을 할 때, 고정된 생각에서 벗어날 수 있다는 것을 보여 줘요. ==새로운 것을 보면 뇌도 새로운 방식으로 생각하려고 노력==하는 거예요.

### 성냥갑으로 촛불을 고정할 수 있다고?

1945년에 심리학자 칼 던커가 만든 "촛불을 벽에 고정해 보세요!" 이런 실험이 있었어요. 사람들에게 성냥, 초, 압정을 주고 문제를 해결해 보라고 했어요. 대부분은 성냥갑을 단지 "성냥을 담는 통"이라고 생각했어요. 그래서 문제를 풀지 못했죠.

하지만 어떤 사람들은 성냥갑을 받침대로 쓰면 된다고 생각했어요! 그렇게 초를 성냥갑 위에 올리고 압정으로 고정해서 문제를 해결했어요. 이 실험은 우리가 사물을 항상 똑같은 용도로만 생각할 때, 창의적인 아이디어를 내기 어려울 수 있다는 것을 알려 줘요.

### 창의적인 생각은 다르게 보는 데서 시작돼요

영국의 창의성 전문가인 에드워드 드 보노 박사는 우리가 항상 '논리적으로' 생각하는 방식(수직적 사고) 대신, '수평적 사고'라는 방법을 써 보자고 했어요.

수평적 사고는 전혀 관계없어 보이는 것들을 연결하거나, 우연히 떠오른 단어에서 아이디어를 만들고, 이상한 질문을 해 보는 것이에요. 예를 들어, "의자가 날 수 있다면 어떻게 생겼을까?" 같은 질문이죠. 이런 방식은 새로운 생각의 문을 열어 줘요.

## 누구나 할 수 있는 창의력 훈련

마이클 미칼코는 미국의 창의력 전문가예요. 그는 『아무도 생각하지 못하는 것 생각하기(Cracking Creativity)』라는 책을 썼는데, 이 책에서는 창의력을 키울 수 있는 다양한 연습 방법을 소개해요.

예를 들어, 생각을 나누고, 조합하고, 그림으로 표현하는 방법, 그리고 서로 다른 아이디어를 합쳐서 새로운 것을 만들어 보는 연습들이에요.

미칼코는 "창의성은 연습을 통해 누구나 기를 수 있는 능력"이라고 말해요. 그러니까 우리도 학교나 집에서 자주 생각하고 표현하는 훈련을 하면 충분히 창의적인 사람이 될 수 있어요.

## 다른 문화가 만날 때 생기는 놀라운 힘

프란스 요한슨은 『메디치 효과』(The Medici Effect)라는 책을 쓴 작가예요. 그는 서로 다른 나라, 문화, 생각이 모일 때 진짜 멋진 아이디어가 생긴다고 말해요.

그가 소개한 예시는 옛날 이탈리아 피렌체의 메디치 가문이에요. 이 가족은 예술가, 과학자, 수학자 등 여러 분야의 사람들을 초대해 서로 이야기 나누게 했어요. 그렇게 서로 다른 생각이 만나면서 르

네상스라는 새로운 시대를 여는 데 큰 기여를 했어요.

요한슨은 우리가 다른 친구와 이야기하고, 다양한 경험을 해 보고, 새로운 것을 배우는 순간, 머릿속에서 번쩍 아이디어가 생길 수 있다고 해요. 그래서 창의성은 혼자서만 노력하는 것이 아니라, 함께 나누는 과정에서도 자란다고 말해요.

### 창의성은 누구나 가진 가능성이에요

창의성은 한 번에 번쩍 떠오르는 특별한 생각이 아니라, 문제를 다시 보고, 다르게 보고, 연결해 보려는 태도에서 나와요.

실험은 그 과정을 도와주고, 책과 경험은 생각을 더 넓게 해 줘요. 그리고 우리는 그걸 연습하면서 세상을 바꾸는 새로운 생각을 만들어 낼 수 있어요!

개념 확장

## 세상을 바꾸는 아이디어
### - 세계의 창의성 교육 프로그램

창의적인 아이디어는 전 세계 어디에서나 자라나요. 오늘 우리가 교실에서 문제를 발견하고, 해결책을 상상하고, 그것을 직접 표현하는 활동을 하는 것처럼, 다른 나라에서도 어린이와 청소년, 대학생들이 자신의 생각으로 세상을 바꾸고 있어요. 이 프로그램들을 알아보며, 나중에 여러분도 이런 곳에서 직접 배울 수 있다는 꿈을 키워 보세요.

## 미국 – Invention Convention Worldwide

미국의 헨리 포드 박물관이 주관하는 Invention Convention Worldwide는 K-12(유치원생~고등학교 3학년) 학생을 대상으로 한 세계 최대 규모의 발명 교육 대회 중 하나예요. 여기서는 단순히 아이디어를 생각하는 데서 그치지 않고, 학생이 실제 생활에서 불편을 찾고, 그것을 해결할 새로운 방법을 직접 고안해 시제품(프로토타입)까지 만들어 봐요.

예를 들어, 어떤 중학생은 물 부족 지역을 위해 간단하고 저렴한 정수 장치를 고안하는가 하면, 또 어떤 학생은 휠체어를 쓰는 친구들을 위한 자동계단 경사로를 설계했어요. 또 어떤 팀은 기후 위기를 막기 위한 에너지 절약 장치를 개발하는 등 다양한 아이디어를 대회에 선보였어요. 학생들은 자신의 발명품을 학교, 지역, 국가, 세계 단위 대회에서 발표하며 피드백을 받아요.

이 프로그램은 창의적 사고력뿐만 아니라 협업, 발표력, 그리고 특허 같은 지식재산권 교육까지 포함하고 있어요. 미국 외에도 영국, 중국, 싱가포르 등 여러 나라에서 이 프로그램이 운영되고 있어요.

## 네덜란드 – Education for a New Era(O4NT, iPad Schools)

네덜란드에서 시작된 'iPad School'은 '스티브 잡스 스쿨'이라고도 불려요. 이 학교에서는 교과서를 거의 쓰지 않고, 모든 학습이 iPad와 앱을 중심으로 이루어져요. 학생들은 학년 구분 없이 자신이 흥미 있는 주제를 정하고, 속도에 맞춰 공부하며, 프로젝트를 통해 문제를 해결해요.

이를테면, 어두운 버스 정류장을 밝힐 태양광 스마트 조명을 앱으로 구상할 수도 있어요. 친환경 학교를 꿈꾸는 친구들은 전기를 아끼는 냉장고를 설계해 발표하는 프로젝트를 시작할 수 있답니다.

학생들은 단순히 정보만 배우는 것이 아니라, 실제 지역사회의 문제를 앱, 프레젠테이션, 동영상 등 다양한 방식으로 표현하면서 디지털 리터러시(디지털 기술을 이해하고 활용하는 능력)와 협업 능력도 함께 키워요.

## 핀란드 – Koodi2016 & STEM/STEAM 융합교육

핀란드의 학교에서는 "코딩은 언어다"라는 생각으로, 초등학교 때부터 컴퓨터 프로그래밍과 로봇공학을 자연스럽게 배워요. 대표적인 교육 정책인 Koodi2016과 STEAM 융합교육은 학생들이 스스로 실험하고 실패하면서 문제를 해결해 나가는 활동 중심의 교육이에요.

예를 들어, 환경을 지키기 위해 IoT 센서를 만들어 실험해 볼 수 있고, 태양광으로 움직이는 이동식 주택을 모델링 할 수도 있어요. 또 다른 친구들은 자율 주행 미니 로봇으로 미로를 탐험하는 아이디어를 떠올릴 수도 있답니다. 모든 활동은 팀 단위로, 협업과 역할 분담을 통해 이루어져요.

핀란드에서는 단순히 이론을 배우는 것보다, 실패와 반복을 통해 실제로 만들어 보고, 그 과정을 친구들과 함께 되돌아보는 수업이 아주 중요하게 여겨져요.

## 대한민국 – 발명 교육 프로그램(KIPO 주관)

우리나라에서도 발명 교육이 오래전부터 진행되고 있어요. 특허청이 주관하는 발명 교육은 전국의 초·중·고등학교에서 방과 후 발명반, 발명 캠프, 지역 발명교육센터 등을 통해 체계적으로 운영돼요.

서울의 한 초등학생 팀은 시각장애인을 위한 '스마트 지팡이'를 만들어 장애물을 알리는 진동 기능을 추가했어요. 또 다른 중학생은 공기 오염을 줄이기 위해 '휴대용 공기청정 목걸이'를 고안해 지역 대회에서 큰 주목을 받았죠. 이렇게 만든 발명품은 학교나 지역에서 발표되고, 전국 학생 발명품 경진 대회에 참가할 수 있어요.

학생들은 문제를 발견하고 아이디어를 내는 단계부터 직접 발명품을 만들고, 발표까지 하게 되며, 지식재산권(특허, 상표, 저작권 등)에 대한 기초 교육도 함께 받아요. 이 프로그램은 창의력과 실용성을 동시에 키울 소중한 기회가 돼요.

이처럼 세계 곳곳에서는 학생들이 직접 문제를 발견하고, 창의적으로 해결하며, 그것을 눈에 보이게 표현해 보는 다양한 프로그램이 활발히 운영되고 있어요. 우리가 이번 장에서 배운 것처럼, 불편함을 그냥 넘기지 않고 "어떻게 바꿀 수 있을까?" 하고 묻는 사람은, 언젠가 이런 곳에서 세계 친구들과 함께 진짜 세상을 바꾸는 사람이 될 수 있어요. 여러분이 가진 아이디어도 그 시작이 될 수 있답니다!

> 확장 활동

## 불편함을 아이디어로! 나만의 발명 탐구

### 1. 불편 탐험가 되기 – 생활 속 문제 찾기 노트

우리가 매일 겪는 작은 불편들 속에 발명의 씨앗이 숨어 있어요! 이 활동에서는 우리 주변에서 겪는 불편한 일을 관찰하고, 왜 그런 일이 생겼는지 생각해 보며 해결 방향도 함께 떠올려 볼 거예요.

**준비물**

나만의 '불편 탐험 노트' (A4 종이, 공책 등), 연필, 색연필, 불편했던 순간을 떠올릴 마음 준비!

❖ **활동 방법**

**1. 불편한 순간 기록하기**

최근에 집, 학교, 길거리 등에서 불편했던 일을 적어요.

> 예
> - 비 오는 날 우산을 접었더니 가방이 젖었어요.
> - 급식 쟁반이 미끄러워서 국을 쏟았어요.
> - 지우개가 자꾸 부서져서 짜증이 났어요.

**2. 왜 불편했을까? 원인 생각하기**

- '왜 이런 문제가 생겼을까?'
- 이미 누가 해결하려고 만든 물건은 없을까?

**3. 친구나 가족과 이야기 나누기**

같은 문제를 겪은 친구가 있는지 물어봐요.

이야기하면서 더 나은 해결 아이디어가 떠오를 수도 있어요!

**4. 해결 아이디어 메모하기**

꼭 멋진 발명이 아니어도 괜찮아요!

> 예
> - "우산을 넣는 전용 방수 주머니가 있으면 좋겠어요."
> - "쟁반 밑에 미끄럼 방지 고무가 붙어 있으면 좋겠어요."

❖ 결과물

- 날짜 / 장소 / 불편 내용 / 원인 생각 / 해결 아이디어 정리
- 그림이나 삽화로 더 멋지게 꾸며도 좋아요!

❖ 응용 활동

- 우리 반 '불편 탐험가 전시판'을 만들어 보세요.
- 친구들과 가장 공감 가는 불편을 뽑고 함께 해결 아이디어 구상해 보세요.

## 2. 나만의 발명 박람회 – 아이디어 설계 포스터 만들기

이제 내가 찾은 불편한 문제 중 하나를 골라서, 그걸 해결할 수 있는 나만의 발명품을 상상하고 설계해 볼 거예요!

발명은 꼭 기계일 필요는 없어요. 재미있는 도구나 똑똑한 아이디어도 발명이 될 수 있어요.

**준비물**

A3 또는 A4 포스터지, 색연필, 사인펜, 풀 등 꾸미기 도구

'불편 탐험가 노트'에서 고른 문제 하나

### ❖ 활동 방법

**1. 문제 선택하고 발명 아이디어 떠올리기**

- 예시 문제: 우산을 접었더니 가방이 젖어요!
- 해결 아이디어: 우산 자동 포장기
- 이름도 스스로 정해 보아요!
- 이 아이디어는 어떻게 작동할까요? 누구에게 도움이 될까요?

**2. 포스터에 설계도 그리기**

아래 내용을 포스터에 담아요.

- 제목(예 지우개 헬멧)
- 발명품 그림
- 어떻게 작동하는지 간단한 설명
- 어떤 점이 좋은지 정리하기
- "이 발명을 쓰면 이렇게 좋아져요!" 한 줄로 표현

### 3. 발표하거나 전시회 열기

- 친구들 앞에서 나의 발명을 소개해요.
- 간단한 모형 만들기도 도전해 볼 수 있어요!
   (종이, 상자, 찰흙, 3D펜 등 사용 가능)

## ❖ 결과물

- 설계 포스터(그림 + 설명)
- 발표 대본 또는 자기소개 형식 소개문

## ❖ 응용 활동

- 우리 반 '발명 전시회'를 열어 보세요.
- 학교 행사나 가족과 함께 하는 발명 대회로 발전시켜도 좋아요.

# 4학년 3반 **발명 전시회**

처음 시작하는 IB 수업
## 세상은 어떻게 움직일까요?
(How the World Works)

1판 1쇄 발행
2025년 10월 30일

**지은이** 김선 | **발행처** 도서출판 혜화동
**발행인** 이상호 | **편집** 이희정
**주소** 경기도 고양시 일산동구 위시티3로 111
**등록** 2017년 8월 16일 (제2017-000158호)
**전화** 070-8728-7484 | **팩스** 031-624-5386
**전자우편** hyehwadong79@naver.com

ISBN 979-11-90049-56-6 (74370)
ISBN 979-11-90049-52-8 (세트)

ⓒ 김선 2025
이 책은 저작권법에 따라 보호를 받는 저작물이므로 무단 전재와 무단 복제를 금지하며,
이 책의 전부 또는 일부를 이용하려면 반드시 저작권자와 도서출판 혜화동의 서면 동의를
받아야 합니다.

* 책값은 뒤표지에 있습니다.
* 잘못된 책은 바꾸어 드립니다.